JN272574

水戸の碑文シリーズ　3

水戸光圀の『梅里先生碑』

宮田正彦著

水戸史学会

錦正社

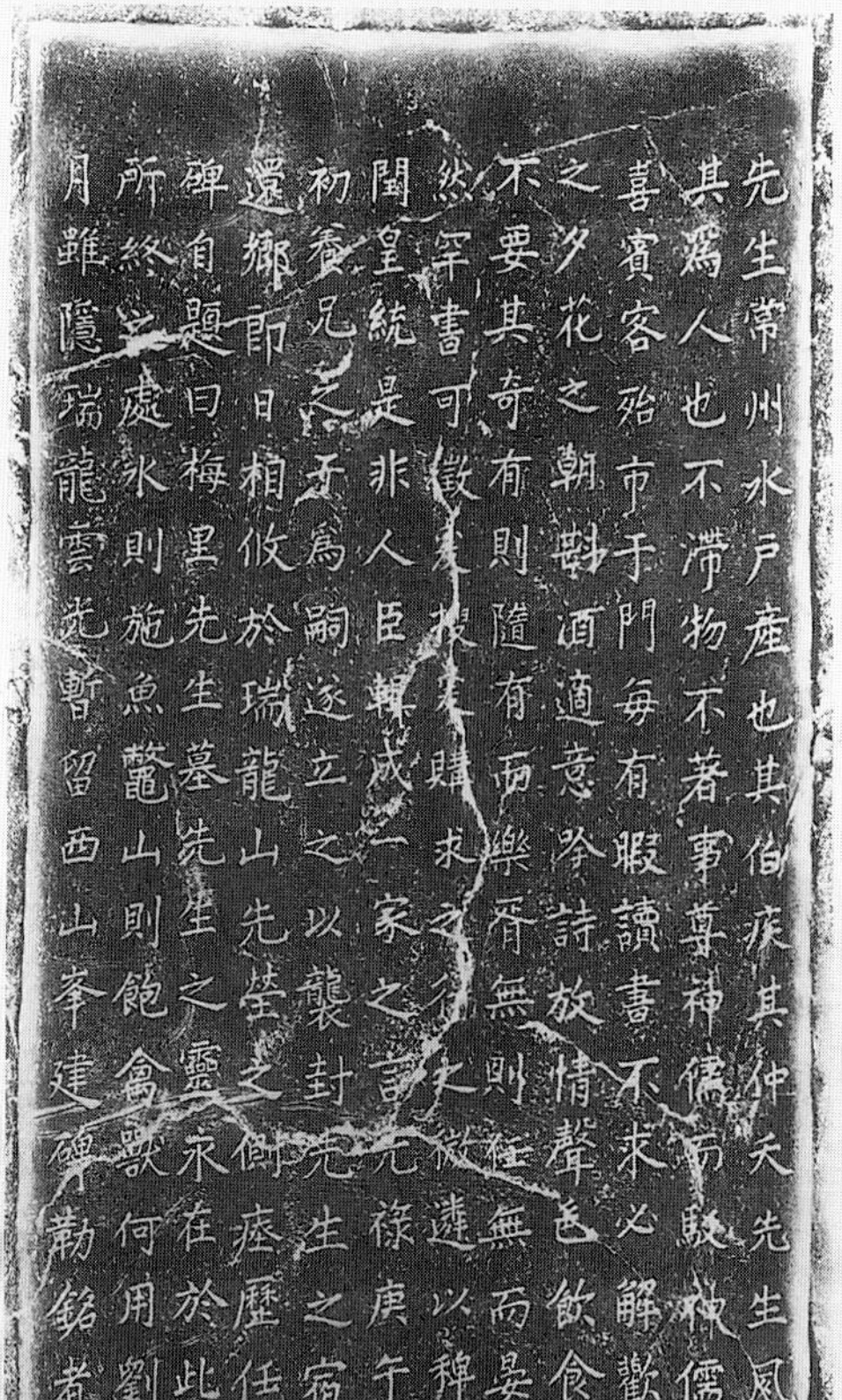

梅里先生碑〈寿蔵碑〉裏面（原拓）

梅里先生碑〈寿蔵碑〉正面（上）
碑文の刻してある裏面（左）
碑堂〈鞘堂〉（下）

写真提供：水府明徳会

はじめに

梅里先生碑陰の文は、水戸光圀（義公）の自伝である。全文僅かに二九九文字のものであるが、光圀自身が「ソノ志ヲ見《あら》ハシ」て後世に残すつもりで書き記したものであるから、その中に光圀七十三年の生涯のエキスがつめこまれている。従って、碑文を本当に理解するには、光圀の生涯を知らなければならないが、光圀の伝記を書くことは筆者の力に余る。

幸い、光圀の伝記はいろいろ出ているが、お薦めは名越時正著『新版　水戸光圀』（昭和六十一年　錦正社発行）である。これ以上のものは無いし、今後も出ないであろう。これにいくらか話題を追加する蛇足として、拙著『水戸光圀の遺猷』（平成十年　錦正社発行）もお読みくだされば有難い。勿論、その他瀬谷義彦氏の『水戸の光圀』（昭和六十年　茨城新聞社発行）をはじめとして、関連する諸家の著書は多い。

また、活字になった史料集としては、徳川圀順編『水戸義公全集』（昭和四十五年水府明徳会発行）、水戸史学会編『水戸義公傳記逸話集』（昭和五十三年　常磐神社発行）などは信用できる。本書もこれらに拠った。

さらに、大日本史については『大日本史の研究』（昭和三十二年　立花書房刊）に収められた平泉澄博士の「大日本史概説」が、その特質・本質を明快に解き明かして最も優れている。

本書のねらいは、これらの先人の研究成果を参考にしながら、碑文の文字の解釈を通して、より多くの人々、なかでも志ある中学生高校生の諸君にこの文章に親しんでいただき、やがては進んで光圀の生涯を学んでいただくきっかけをつくることである。

従って、できるだけ丁寧に注を付け、意訳を付けた。文字も、碑文の本文を除いては、可能な限り常用漢字を用い、新仮名遣いで表記した。読み方や解説には先輩の業績を参考にしたが、細かく言えば人ごとに違っているので、その取捨は筆者の判断でおこなった。また、本文を理解する上で最低限必要と思われるエピソードやよく質問されることを巻末にQ＆Aとして加えた。まだまだ不十分であろうから大方のご批正をお願いしたい。筆者のひそかな願いは、この書物が大方の批判鍛錬を経て、水戸における定本となることである。さまざまなご意見をお寄せいただければ幸いである。

なお、巻末にクレメント氏の英訳文を附載したが、これは照沼好文氏のご配慮によるもので、ここに記して謝意を表する。また、人名などは一般的な表記を用い、光国は光圀に統一した。

平成十六年一月十五日

著者

水戸の碑文シリーズ3

水戸光圀の『梅里先生碑』＊目次

一　碑文と読下し文

梅（梅）里先生碑陰竝（並）銘　（梅里先生
壽（寿）藏（蔵）碑文）
先生常州水戸產也。其伯疾。
其仲夭。先生夙夜陪㆓膝下㆒。

梅里《ばいり》先生《せんせい》碑陰《ひいん》竝《ならび》ニ銘《めい》（梅里先生壽藏《じゅぞう》碑
文）
先生《せんせい》ハ常州《つねしゅう》水戸《みと》ノ產也《さんなり》。其伯《そのはく》ハ疾《や》ミ、
其仲《そのちゅう》ハ夭《よう》ス。先生《せんせい》夙夜《しゅくや》膝下《しっか》ニ陪《ばい》シテ、

戰(戦)戰兢兢。其爲(為)レ人也。不レ滯(滞)レ物。不レ著(著)レ事。尊二神儒一而駁二神儒一。崇二佛(仏)老一而排二佛老一。常喜二賓客一。殆市二于門一。每(毎)レ有レ暇讀(読)レ書。不レ求二必解一。歡(歓)不レ歡レ歡。

戰戰兢兢《せんせんきょうきょう》タリ。其人《そのひと》ト爲《な》リヤ、物《もの》ニ滯《とどこお》ラズ、事《こと》ニ著《ちゃく》セズ、神儒《しんじゅ》ヲ尊《たっと》ンデ神儒《しんじゅ》ヲ駁《ばく》シ、佛老《ぶつろう》ヲ崇《あが》メテ佛老《ぶつろう》ヲ排《はい》ス。常《つね》ニ賓客《ひんきゃく》ヲ喜《よろこ》ビ、殆《ほとん》ド門《もん》ニ市《いち》ス。暇有《いとまあ》ル毎《ごと》ニ書《しょ》ヲ讀《よ》ムモ、必《かなら》ズシモ解《かい》スルヲ求《もと》メズ。歡《よろこ》ビテ歡《よろこび》ヲ歡《よろこび》トセズ、

憂不レ憂レ憂。月之夕。花之朝。斟レ酒適(適)レ意。吟レ詩放レ情(情)。聲(声)色飲(飲)食。不レ好二其美一。第宅器(器)物。不レ要二其奇一。有則隨レ有而樂(楽)胥。無則任レ無而晏如。自レ蚤有レ志二于

憂《うれ》イテ憂《うれい》ヲ憂《うれい》トセズ。月《つき》ノ夕《ゆうべ》、花《はな》ノ朝《あした》、酒《さけ》ヲ斟《く》ミ意《い》ニ適《てき》スレバ、詩《し》ヲ吟《ぎん》ジ情《じょう》ヲ放《ほしいまま》ニス。聲色飲食《せいしょくいんし》、其美《そのび》ヲ好《この》マズ。第宅器物《ていたくきぶつ》、其奇《そのき》ヲ要《よう》セズ。有《あ》レバ則《すなわ》チ有《あ》ルニ隨《したが》イテ樂胥《らくしょ》シ、無《な》ケレバ則《すなわ》チ無《な》キニ任《まか》セテ晏如《あんじょ》タリ。蚤《はや》クヨリ史《し》ヲ編《あ》

編レ史。然罕二書可一レ徵（徴）。爰搜爰購。求レ之得レ之。微遴以二稗官小說一。摭レ實（実）闕（欠）レ疑。正二閏皇統一。是二非人臣一。輯二成一家言一。元祿（禄）庚午之冬。累乞二骸骨一致仕。初養（養）二

ムニ志《こころざし》有《あ》リ。然《しか》レドモ書《しょ》ノ徴《ちょう》トスベキモノ罕《まれ》ナリ。爰《ここ》ニ捜《さぐ》リ爰《ここ》ニ購《あがな》イ、之《これ》ヲ求《もと》メ之《これ》ヲ得《え》タリ。微遴《びりん》スルニ稗官小説《はいかんしょうせつ》ヲ以《もっ》テシ、實《じつ》ヲ摭《ひろ》イ疑《うたがい》ヲ闕《か》キ、皇統《こうとう》ヲ正閏《せいじゅん》シ、人臣《じんしん》ヲ是非《ぜひ》シ、一家《いっか》ノ言《げん》ヲ輯成《しゅうせい》ス。元祿庚午《げんろくこうご》ノ冬《ふゆ》、累《しきり》ニ骸骨《がいこつ》ヲ乞《こ》

兄之子一爲レ嗣。遂立レ之以
襲レ封。先生之宿志。於レ是
乎足矣。既而還レ郷(郷)。卽日
相二攸於瑞龍山先塋之側一。
瘞二歴(歴)任之衣冠魚帶(帯)一。載封
載碑。自題曰二梅(梅)里先生墓一。

イテ致仕《ちし》ス。初《はじ》メ兄《あに》ノ子《こ》ヲ養《やしな》イテ嗣《し》ト爲《な》シ、遂《つい》ニ之《これ》ヲ立《た》テテ以《もっ》テ封《ほう》ヲ襲《つ》ガシム。先生《せんせい》ノ宿志《しゅくし》、是《ここ》ニ於《お》イテカ足レリ(矣)。既《すで》ニシテ郷《きょう》ニ還《かえ》リ卽日《そくじつ》攸《ところ》ヲ瑞《ずい》龍山先塋《りゅうさんせんえい》ノ側《かたわら》ニ相《そう》シ、歴任《れきにん》ノ衣冠魚《いかんぎょ》帯《たい》ヲ瘞《うず》メ、載《すなわ》チ封《ふう》ジ載《すなわ》チ碑《ひ》シ、自《みずか》ラ題《だい》先生之靈(霊)。永在二於此一矣。
嗚呼骨肉委二天命所レ終之處一。
水則施二魚鼈一。山則飽二禽
獸(獣)一。何用二劉伶之鍤一哉。
其銘曰
月雖レ隱(隠)二瑞龍雲一。光暫留二

シテ梅里《ばいり》先生《せんせい》ノ墓《はか》ト曰《い》ウ。先生《せんせい》ノ靈《れい》、永《なが》ク此《ここ》ニ在《あ》リ(矣)。嗚呼《ああ》骨肉《こつにく》ハ天命《てんめい》ノ終《お》ワル所《ところ》ノ處《ところ》ニ委《まか》セ、水《みず》ニハ則《すなわ》チ魚鼈《ぎょべつ》ニ施《ほどこ》シ、山《やま》ニハ則《すなわ》チ禽獣《きんじゅう》ニ飽《あ》カシメン。何《なん》ゾ劉伶《りゅうれい》ノ鍤《すき》ヲ用《もち》インヤ。其銘《そのめい》ニ曰《いわ》ク、月《つき》ハ瑞龍《ずいりゅう》ノ雲《くも》ニ隠《かく》ルト雖《いえど》モ、光《ひかり》ハ暫《しばら》

西山峯一。建レ碑勒レ銘者誰。
源光圀字子龍。

――（　）は常用漢字――

（『水戸義公全集』所収「常山文集」）

ク西山《せいざん》ノ峯《みね》ニ留《とど》マル。碑《ひ》ヲ建《た》テ銘《めい》ヲ勒《ろく》
スル者《もの》ハ誰《だれ》ゾ、源《みなもと》ノ光圀《みつくに》字《あざな》ハ子龍《しりょう》。

（読下し文・ふりかなは現代仮名遣い）

（參考）

梅里先生墓誌銘

先生姓源。諱光圀。字子龍。號㆓梅里先生㆒。又號㆓常山㆒。威公第三子也。母谷氏。寛永五年戊辰六月十日。産㆓

（訓み下し）

先生ノ姓《せい》ハ源《みなもと》、諱《いみな》ハ光圀《みつくに》、字《あざな》ハ子《し》龍《りょう》、梅里《ばいり》先生ト號《ごう》シ、又常山《じょうざん》ト號ス。威《い》公ノ第三子ナリ。母ハ谷《たに》氏。寛永五年戊辰《つちのえたつ》六月十日、常州《つねしゅう》水戸ニ産《うま》ル。

於常州水戸一。六歳立爲二世子一。稍長直敍二従五位上一。歴二従四位下左衛門督従三位右近衛權中將一。年三十四襲レ封。食二二十八萬石一。拜二參議一。中將如レ故。元

六歳、立チテ世子《せいし》トナル。稍《やや》長ジテ直《ただち》ニ従五位上《じゅごいじょう》ニ敍《じょ》シ、従四位下左衛《じゅしいげさえ》門督《もんのかみ》、従三位右近衛權中將《じゅさんみうこのえごんのちゅうじょう》ヲ歴《ふ》。年《とし》三十四封《ほう》ヲ襲《つ》ギ、二十八萬石《まんごく》ヲ食《は》ム。參議《さんぎ》ニ拜《はい》シ、中將故《ちゅうじょうもと》ノ如《ごと》シ。元禄《げんろく》三年庚午《かのえうま》ノ冬致仕《ちし》ス。翌日權中納言《ごんちゅうなごん》ニ

禄三年庚午之冬致仕。翌日拜㆓權中納言㆒。還㆑鄕營㆓兆域於瑞龍山側㆒。瘞㆓歷任之衣冠魚帶㆒。建㆑碑自書曰㆓梅里先生墓㆒。其陰勒㆑銘。以見㆓其志㆒。暫考㆓槃于西

拜ス。鄕《きょう》ニ還《かえ》リ兆域《ちょういき》ヲ瑞龍山《ずいりゅうさん》ノ側《かたわら》ニ營《いとな》ム。歷任《れきにん》ノ衣冠魚帶《いかんぎょたい》ヲ瘞《うず》メ、碑ヲ建《た》テ自《みずか》ラ書シテ梅里先生ノ墓ト曰《い》ウ。其《そ》ノ陰《いん》ニ銘《めい》ヲ勒《ろく》シ、以《もっ》テ其ノ志《こころざし》ヲ見《あら》ワシ、暫《しばら》ク西山《にしやま》ニ考槃《こうはん》シテ、終焉《しゅうえん》ノ期《とき》ヲ俟《ま》ツト云《い》ウ。

山一。俟二終焉之期一云。

（『水戸義公全集』所収「常山文集」）

【語釈】

兆域＝お墓。

見＝現に同じ。

瘞＝土を掘って埋める。

考槃＝隠遁の室を作り、自分の思うさまに楽しむこと。

俟＝物事が自然とそこへ来るまで待つこと。ただ待つだけ。

（**墓誌**とは石や銅版などに刻んで、棺とともに土中に埋めるもの。その経歴・家系等を主として記すもので、内容的には碑陰の文とほとんど変らない。）

二　碑文の成立まで

官を辞し、家督を譲った光圀は、元禄三年の年末に水戸に帰り、翌元禄四年（一六九一）五月九日、水戸城の北北西約五里の地にある大田村西山の山荘に移り住んだ。世にいう西山荘である。ここは前々年に佐々宗淳に命じて検分させ、地ならしをさせてあった。辺鄙な山ぎわに、心を許したわずかな人々と閑居して、道者のような生活を送ることは、十数年まえからの光圀の願いであったのだが、それがようやく実現したのである。時に光圀六十四歳であった。現在の西山荘は文化十四年（一八一七）に火災で焼失した後、二年後に其の一部を復元したものであって、其の規模（面積）は創建時の三分の一ほどで当時のままではないものの、萱葺《かやぶき》の屋根、杉の丸太、白木の床、主要部分である御座の間はお次の間と敷居なしで合せて十八畳、御寝所は六畳、御学問所と書かれた書斎は、僅《わず》かに三畳、ここからは丸窓をへだてて庭の梅が望まれる。部屋には何の装飾も無く、釘隠《くぎかく》しにも牡蠣《かき》の貝殻を用いるなど、徳川家康の孫、二十八万石の大名の隠居所としては極めて質素閑朴なものである。

光圀のこのような隠遁者《いんとんしゃ》のような生活への憧《あこが》れは早くから見られ、特に、陶淵明《とうえんめい》の生き方に憧れるところがあった。梅里先生碑陰の文は陶淵明の「五柳先生伝《ごりゅうせんせいでん》」にならって作られたものといわれている。

ところで、この文章は元禄四年六月に草稿が作られた。光圀はこの草稿を彰考館の総裁の一人であった吉弘元常《よしひろもとつね》（字は子常《しじょう》、号を磬斉《けいさい》、また菊潭《きくたん》。寛文四年水戸藩に仕え、元禄元年総裁となる。その文章の才は朱舜水《しゅしゅんすい》の認めるところであった。元禄七年没。五十三歳）に示し、これは「我等年来の趣意」を書き記したものであるが、これについて意見があれば腹蔵なく申し聞かせて欲しい、ただし儒仏の論は貴殿の気に入らぬかも知れぬが、これはそのままにしてほしい、と依頼した。

これに対して元常は、二つの点を是非にも書き加えていただきたい、すなわち、一つは、「平生古《いにしえ》を好み、廃《すた》れたるを興《おこ》し、絶えたるを継ぐ、と申す事の一条」であり、いま一つは「かつて本朝の史に志あり……」として、本朝史記を編纂したこと（当時は大日本史の名称は無く、「本朝史記」といっていた）、特に独自の見解のある大友天皇等の本紀や南北朝のことを下心にふまえてお書きいただきたい、と申し出た。

これに対して光圀は、修史のことを書き足した。「蚤《はや》くより史を編《あ》むに志あり。……一家の言を輯成す」と。そして、興廃継絶のことはことさらには触れなかった。それは、他のさまざまな施策や事業の中でも、とりわけてこの修史の事業の中にこそ、より深く興廃継絶の想いが託されているからであろう。こうして今見る文章が出来上ったのである。碑文は自然石に彫られているが、ほぼ縦一一六センチ横五〇センチ（内法《うちのり》）に枠取りがしてあり、楷書で二十五字十二行に書かれている。

碑文の文字は鵜飼錬斎《うかいれんさい》（名は眞昌、字は子欽、通称金平。京都の人。学統は崎門。延宝六年〈一六七八〉史館に入り、後に総裁となる。）が書いた。読者は、改めてこの部分を除いて読み、さらにこの部分を加えて再読して見られるとよい。この事業に携わった多くの人々の苦心への思いやりと共に、こめられた想いの重さに気付かれることであろう。

（参考）

五柳先生傳

先生不知何許人。亦不詳其姓字。宅邊有五柳樹。因以爲號焉。閑靖少言、不慕營利。好讀書、不求甚解。每有意會、便欣然忘食。性嗜酒、家貧不能常得。親舊知其如此、或置酒而招之、造飲輒盡。期在必醉。既醉而退、曾不吝情去留。環堵蕭然、不蔽風日。短褐穿結、箪瓢屢空、晏如也。常著文章自娯、頗示己志、忘懷得失。以此自終。賛曰、黔婁有言。不戚戚於貧賤。不汲汲於富貴。極其言、茲若人之儔乎。酣觴賦詩、以樂其志。無懷氏之民歟、葛天氏之民歟。（新釈漢文大系『古文眞宝〈後集〉』）

淵明《えんめい》は字、名は潛《せん》、またの名を元亮《げんりょう》。一説に、淵明を名とし、潛を晉滅亡後の名とする。晉《しん》の大司馬陶侃《とうかん》の曾孫《そうそん》。謚《おくりな》は靖節《せいせつ》。中国の最も偉大な詩人の一人とされる。『陶靖節集』四巻あり。

陶淵明は普通には、隠逸の詩人とか田園詩人とかいわれて、全く世間とかけ離れ風流洒脱を愛した人物のように思われている。貧賤に安んじ、富貴栄達を求めず、無欲で自然を愛した好ましい人柄は、早くから多くの人々を魅了し、その生き様は理想的な生き方の一典型とされてきた。しかし彼は、決して、無為《むい》無責任の老荘《ろうそう》の徒ではなかった。それどころか、あの道義退廃の時代にあって伯夷叔斉《はくいしゅくせい》を慕い、父祖の教えをかしこみ、出処進退を学問によって考え、深く道義に徹した哲人であったことは、平泉澄博士の『芭蕉の俤《おもかげ》』（昭和二十七年日本書院版・昭和六十二年錦正社復刊）に詳しく説き明かされている。光圀は、同じく伯夷叔斉を導きの星と仰ぎつつ道を楽しんで少しも恨まない風韻を愛したのであって、単なる風流洒脱の生活を理想としたのではない。

三　本文の読みと解説

梅里先生碑陰竝びに銘

【語釈と解説】

梅里は水戸徳川家二代の藩主徳川光圀（諡して義公）の号の一つであるが、それは呉《ご》の太伯《たいはく》（泰伯）が住んだという常州（江蘇省）無錫県の東南六十里（約四〇キロ）に在る郷の名である。シナ（中国）の歴史の伝えるところでは、殷《いん》の時代、岐山《きざん》（陝西省《せんせい》）地方に移ってこの地を拓き周を興した古公亶父《ここうたんぽ》に三人の子供があり、その末っ子である三男（季歴《きれき》）に子供が生れた。これを昌《しょう》という。昌が生れる時にこの子は聖人となるであろうという祥瑞《しょうずい》（めでたいしるし）があった。そこで古公は「周を興隆させる者は昌の子孫であろうか」といった。長男の太伯と次男の虞仲《ぐちゅう》は、父が三男に家を継がせたいと考えていることを察知して姿をくらまし、遠く南方の異民族（荊蛮《けいばん》）に交じり、迎えがきてもこれを断り、遂に季歴に古公の後を譲った。この昌が西伯《せいはく》（文王）であり、有名な武王の父である。孔子は、太（泰）伯の行為は徳の至ったものだ、と称揚している。光圀は、自分が兄を越えて後を継いだことを「大義違い」と考えていたので、この太伯の生き方に深く学ぶところがあったのである。

墓石の四角のものを碑《ひ》といい、丸いものを碣《けつ》という。碑陰とは碑の裏面に書かれた文章ということ。表には「梅里先生墓」とある。その文章の末尾に銘《めい》（一定の韻《いん》を踏んだ定型の句）を加えてあるので並びに銘といった。

先生ハ常州《つねしゅう》水戸ノ産《さん》ナリ

【意訳】

「梅里先生は常陸国（今の茨城県）の水戸で生れました。」

【語釈と解説】

常州は常陸国《ひたちのくに》のこと。「じょうしゅう」と読んでも良いが、「上野国」（こうづけのくに）を「上州」（じょうしゅう）―俗に、「上州名物嬶（かかあ）天下に空っ風」―と呼ぶので、それと区別するために「つねしゅう」と読んでいる。州は、シナの古代から、一定の行政区画を意味する文字として用いられた。わが国では、そのような行政区分を「くに」と呼び、国の文字を用いた。常陸国を常州といい、武蔵国《むさしのくに》を武州《ぶしゅう》というのは、シナ風にしゃれた呼び方である。

この「梅里先生碑陰の文」は、名前は碑文であるが、文体の分類の上からは「伝《でん》」の仲間で、一種の自叙伝と言ってよく、シナの陶潜《とうせん》（三六五～四二七）（字は淵明《えんめい》、晋時代の人）の「五柳先生伝《ごりゅうせんせいでん》」に倣《なら》ったものといわれている。このように、他人が書いたように自分の伝記を客観的に書いたものを、托伝《たくでん》といい、同じくシナの東方朔《とうぼうさく》（前漢時代の人）の「非有先生伝《ひゆうせんせいでん》」や阮籍《げんせき》（三國時代の魏の人、竹林七賢人の一人）の「大人先生伝《たいじんせんせいでん》」などが有名である。また、この梅里先生の碑のように、生前に建てておく墓を**寿蔵**（じゅぞう）というので、別名を「梅里先生寿蔵碑文」ともいう。

水戸の産、となにげなく読み飛ばしそうであるが、考えてみれば水戸藩は常府《じょうふ》（藩主に参勤交代の義務が無く、原則として江戸に住いすること）であって、その本邸は江戸小石川である（現在の東京ドームや後楽園遊園地、小石川後楽園庭園のある所。明暦の大火までは江戸城中吹上《ふきあげ》にあった）。水戸徳川の二代目となる光圀は、本来ならば「武州江戸の産」であるべきであろう。光圀は、江戸の本邸ではなく、なぜ水戸で生れたのかは、次項の解説を参照。

其伯《そのはく》ハ疾《や》ミ、其仲《そのちゅう》ハ夭《よう》ス。先生夙夜《せんせいしゅくや》膝下《しっか》ニ陪《ばい》シテ、戰戰兢兢《せんせんきょうきょう》タリ。

【意訳】

「上の兄は病身であり、又次兄は若死をしてしまいました。（そこで、私が水戸徳川家を継ぐことになりまして）、毎日、父の間近で薫陶を受けましたので、常に戦々競々として過ごしました。」

【語釈と解説】

伯《はく》＝長兄。

仲《ちゅう》＝次兄。伯・仲・叔《しゅく》・季《き》は兄弟の順序を表す文字。

夭＝若くして死ぬこと。若死《わかじに》。

夙夜＝朝から晩まで。

戰戰兢兢＝おそれつつしむこと。戰戰はおそれる、兢兢は謹しむ。「深淵《しんえん》に臨《のぞ》むが如《ごと》く、薄氷《はくひょう》を踏《ふ》むが如し」、と解説してある。

光圀は、寛永五年六月十日、水戸城の南崖下（現在の柵町）に在った三木仁兵衛之《ゆき》次《つぐ》の邸で誕生した。母は水戸徳川家初代の藩主頼房の側室久子（谷左馬介重則の娘。高瀬の局と呼ばれた）。久子の生んだ子は男子二人で、上が後の高松の藩主となった頼《より》重《しげ》、次が光圀である。頼重は頼房の長男であり元和八年（一六二二）七月一日の生れ、光圀は三男であって寛永五年（一六二八）六月十日の生れ。その間に、同じく側室の勝（佐々木氏）が亀丸を生んでいるが、この子は寛永五年十一月に四歳で早死してしまう。後に守山二万石の藩主となった頼元、宍戸藩一万石の主となった頼雄は共にこのお勝の生んだ子である。

つまり、伯は頼重、仲は亀丸である。確かに仲は若死であるが、伯である頼重は病身では無い。「その伯は疾み」というのは文章の綾である。なぜ光圀はこのような婉曲な表現を用いたのだろうか。そこにはいささか複雑な事情が隠されていた。

久子の懐妊が明らかになった時、頼房は、その最初の子であるにもかかわらず、「水にせよ」（堕胎のこと）と命じた。それは、久子の母は頼房の老女であったので常に頼房の身近に居り、少女の久子がそれにくっついて邸に出入りしていたのだが、頼房が見初めて密かに通じてしまい、妊娠してしまった。これを知った久子の母親が猛烈に怒ってなかなか承服せず、頼房は閉口の有様、また、側室の勝がなかなか権勢がありその上嫉妬深くて、久子の安心して居る場所も無い有様で、かたがた堕胎させることになったという。

しかし、三木夫人の武佐は頼房の養母英勝院（家康の側室。太田氏、名は勝）と図り、ひそかに麹町の三木之次の邸で出生させた。これは頼房には秘密であったので、生れた子供は九歳の時に武佐の娘の嫁ぎ先である京都の滋野井大納言季吉の邸に預けられ、ゆくゆくは天竜寺慈済院に入れられることになった、と『義公遺事』は伝えている。この子供は十一歳の時に江戸に戻るが、十六歳になるまで、父子の関係を認められなかった。

　そして更に、光圀も「水に」されるところを、この三木夫妻の手で、今度は水戸の三木の邸で内密の内に出生することになるのである。この時久子は既に側室として頼房の傍らにあったのに、光圀までもが何故「水に」ということになったのかはよく分らない。『義公遺事』は、「勢力が無かったからか（勢無レ之ユヘカ）」としか書いていない。頼房の真意についても、奥の女性たちの勢力争いについても、文献は何も伝えてくれない。

　従って光圀は、五歳の時に認知されて水戸城に移るまでは、三木の子として育てられた。身の回りの世話をしたのは、乳母（名は杉）、下女（名はらい）と草履取り（名は庄五郎）の三人という。翌寛永十年（一六三三）江戸に上って世子となった。

　ともあれ光圀は、十八歳の折に『史記』の「伯夷伝」を読んで、家の相続にも厳然とした「道」があることを知った。それが例え幼少期に他人によって決定されてしまったことであっても、同じ血を分けた兄弟でありながら、身分も石高も兄を越えてしまったことは「大義違い」（光圀の言葉）である。この誤りを正す道はどこにあるのか。

三木仁兵衛之次と武佐夫妻の墓
（水戸市見川・妙雲寺墓地）

　十八歳以降の光圀は、それまでとはうってかわって真剣に学問に取組んだ。二十歳の七夕に詠んだ詩の序には、まだまだ学問が足りないとしてその成就を星に祈っている。また、『義公行実』は、光圀が兄の子を養子に貰い受けたいと申し出た時の言葉を、つぎのように伝えている。「私は弟の身ながら跡継ぎとされました。このことはずうっと心苦しく思って来ましたが、父（頼房）の在世中は、若しも自分が勝手に出奔したり辞退したりしたら、世間の人は、親子の間がうまくいっていないと思うでしょう。これは親不孝になり出来る事ではありません。ですから今日まで隠忍（その本心を隠し耐え忍ぶ）して来たのです。」と。

自覚してから兄の子を養子に貰うまでの十数年間は、まさに戦々兢々の日々であったろう。

其人《そのひと》ト為《な》リヤ、物《もの》ニ滞《とどこお》ラズ、事《こと》ニ著《ちゃく》セズ

【意訳】

「その人柄は、全ての物事に対して固執したり執着（著）したりすることがありません。」

【語釈と解説】

滞＝とどこおって動かないさま。囚われるの意。

著＝チャクと読んで、ぴったりくっつく意。

とらわれぬ心を以って万事に臨むことは、君子たる者の第一に心がけなければならぬところであろう。光圀は常に物に執着しないことは人間修行の第一であるとして、自分でもそのように努め、家来にも諭すところがあった。それは、物欲に限らない。人間のいわゆる常識や思い込みについても云えることである。「人は最初に知ったことや聞いたことに拘《こだわ》って、より正しいものや新しいものに出会っても、とかく素直に訂正したり認めたりすることが難しいものである。そのために理非に迷うのである。よくよく心得て随分修行するように」、と。（『桃源遺事』）

神儒《しん》ヲ尊《たっと》ンデ神儒《しん》ヲ駁《ばく》シ、佛老《ぶつろう》ヲ崇《あが》メテ佛老《ぶつろう》ヲ排《はい》ス。

【意訳】

「神道も儒教も仏教も道教も、それぞれに勝れた内容をもつ思想体系であることはよく理解し尊重するが、どれか一つに拘わることなく、それぞれについて自分自身の判断を持っています。」

【語釈と解説】

駁＝正す。理に合わぬことを正す。また、他人の説などを非難攻撃する。

排＝おしのける。しりぞける。

神儒仏老は当時の世界の主要な思想。神道も儒教も、尊重するが、必ずしも盲信するわけでは無い。その理に合わぬところは批判する。仏教も老荘思想についても同じく取捨選択する、ということ。

難しい文字は無いが、意味の深い一句。井上玄桐は「神道は神道、仏道は仏道、修《しゅ》験《げん》は修験、おのおの其の道を専《もっぱら》にして他を混雑してはならないと教えられた。僧侶に対してもその本来の宗旨に他宗派の宗旨をまぜこぜにすることをおおいに嫌われた。」また「度々《たびたび》仰せられたことは、孔子の教えは煎じつめれば仁の一字に集約され、釈迦一代の説法は慈悲の二字を説き続けたに過ぎない。政治に当っては慈悲を専らにすべきである、と。このことはくり返し仰せられた。」と伝えている（『玄桐《げんとう》筆記』）。

光圀自身は特定の思想・宗派にとらわれず自在に学んだと思われ、神・儒・仏・老いずれにも深い知識と理解を持っていた。

仏教についても、特定の宗派を外護《げご》（旦那となって保護すること）することはなかった。これは、政治的な配慮からかもしれないが、「わしは釈迦宗じゃ」と言われたという。光圀の態度は、特定のものを支持したり排除したりすることではなかった。それぞれが長い歴史の中で生れ培われて存続してきた以上、無意味ということは無い。大切なことはそれが本来持っていたはずの意味・価値が曲げられないことであり、それは、その本来の純粋さを保つことによって可能である。元《はじめ》を元《はじめ》とし本《もと》を本《もと》とすることでまた逆にそのものの本当の姿や意味・価値が見えてくる。それを理解したうえで取捨は各自の判断である、という態度であろうと思われる。

『玄桐筆記』は、光圀没後間もなく、その外伝の編集が始められた際、担当者の安《あ》積澹泊《さかたんぱく》の求めに応じて井上玄桐（光圀の侍医、西山荘に仕えた）が、その光圀に近侍して見聞したところを箇条書にして提出したものであるから、その記録の内容は信頼度の高いものといえる。

常《つね》ニ賓客《ひんきゃく》ヲ喜《よろこ》ビ、殆《ほとん》ド門《もん》ニ市《いち》ス。

【意訳】

「いつでも喜んでお客さんをお迎えするので、いつも大勢の人が次々と尋ねてきてくれます。」

【語釈と解説】

門《もん》ニ市《いち》ス＝市は物品を売買するところ、人が多く集るところ。つまり、門の前は市場が立っているかと思われるように、大勢が集り、また、ひっきりなしに人が出入りする賑やかさをいう。

西山荘に出入りした人々は武士だけではない。光圀は、山伏、僧侶、神官、百姓、町人、きこりなど、あらゆる階層の人々に隔てなく接した。世間話に興じたり、碁や将棋の相手もした。当時の西山荘の雰囲気を安藤年山は…彰考館の学者たち四五人ずつ、かわるがわる参上しては、詩歌の唱和、あるいは「本朝史記」（後に「大日本史」と命名）や「釈万葉集」以下の書物の編纂上の議論などが活発で、とても楽しい毎日でした。あるいはまた、神職僧侶など、御領内ばかりではなく、江戸や近国からも、なんらかのご縁のある者が、なにくれとなく慕い来ては、学問その他諸々の話題で、藩主として水戸に居られた時よりも一層隔てなく親しく交際されました。……（「年山紀聞」）と伝えている。

暇《いとま》有《あ》ル毎《ごと》ニ書《しょ》ヲ讀《よ》ムモ、必《かなら》ズシモ解《かい》スルヲ求《もと》メズ。

【意訳】「公務の余暇を利用してはよく書物を読みますが、文字の詮索考証などの細部には拘《こだわ》りません。」

【語釈と解説】

「読ムモ」「読メドモ」いずれでもよい。

『五柳先生伝』に「好ンデ書ヲ読ムモ、甚ダシクハ解スルヲ求メズ」という語と照応する一句。したがって、「意ニ会スルゴトニ、便《すなわ》チ欣然《きんぜん》トシテ食ヲ忘ル」という句を裏に隠していると考えてよい。つまり、書物を研究分析の対象としてみるのではなく、読書を、自分のものとして、例えば、道を求めあるいは古人との対話を楽しむような読み方をする、ということ。「必ズシモ解スルヲ求メズ」という句は、無理に解ろうとはしない、と訳すことが出来るが、それは、解らないところはそのままにして解るところだけ解ればよい、という意味では無い。文字の細部にわたって事細かにあれこれと吟味することは悪いことではないにしろ、枝葉末節に拘《こだわ》って全体の本意を見失うおそれがあるので、それはしない、ということである。

歓《よろこ》ビテ 歓《よろこび》ヲ 歓《よろこび》トセズ、憂《うれ》イテ憂《うれい》ヲ憂《うれい》トセズ。月《つき》ノ夕《ゆうべ》、花《はな》ノ朝《あした》、酒《さけ》ヲ斟《く》ミ、意《い》ニ適《てき》スレバ、詩《し》ヲ吟《ぎん》ジ情《じょう》ヲ 放《ほしいまま》 ニス。

【意訳】

「嬉しい時には素直に歓ぶけれども、その喜びに溺れず、心配事があってもいつまでもくよくよせず、それに囚われることはありません。月のきれいな夜や、桜の見事に咲いた朝など、季節季節折々の自然を愛《め》でては酒を飲み、自由な楽しい気持のままに、気が向けば詩を作ったり吟じたりして楽しみます。」

【語釈と解説】

放＝制約からときはなつこと。自由にさせること。

ことに触れて素直に感情を表出するけれども、其の感情に溺れ流されて偏見を持ったり判断を誤ったりすることは無い。物にとらわれないから真の自由が得られる。したがって、情を放にしても人の道を外れることは無い。

光圀の漢詩文は「常山文集」、和歌和文は「常山詠草」と題して早く出版された。現在では、さらに増補されたものが『水戸義公全集』に載せられている。全集本に収載されている漢詩文の数は、「拾遺」「補遺」を合せて一七九一点、和歌和文は同じく一〇二四点に及んでいる。

また、謡曲（能）・仕舞を好まれたが、三味線は嫌われたと伝えている。光圀と能については拙著『水戸光圀の遺猷』を参照されたい。

聲色飲食《せいしょくいんし》、其美《そのび》ヲ好《この》マズ。第宅器物《ていたくきぶつ》、其奇《そのき》ヲ要《よう》セズ。

【意訳】

「女性の色香にはあまり関心は無く、食べ物の美味《うま》い不味《まず》いにもとやかく言いません。また、邸や日常に使用する道具なども好んで珍しいものを選り好みをしたり、意匠などに凝ることもありません。」

【語釈と解説】

聲色（声色）＝ものを言う声と顔色のこと。また、音楽と情事をも意味する。「好マズ」というのは「嫌い」ではなく、特に拘らないという意味。

飲食の読み方は普通インショクだが、水戸の先輩はインシと読みならわしてきたらしい。筆者も「インシ」と教わった（例えば本多五陵氏の『水戸学研究』。ただし、綿引澄男氏は「インショク」と読ませている〈『梅里先生碑陰竝銘』〉）。「ショク」と読んでも「シ」と読んでも意味は同じであるが、「ショク」は入声、「シ」は去声で、声調が異なる。

第宅の読み方は、普通テイタクであるが、ダイタクと読む人もいる。テイは漢音、ダイは呉音。従ってテイタクが良いであろう。

要＝もとめるの意。待ち構えて是非欲しいと願うこと。

実際の公の生活は大名としては極めて質素であった。ご隠居の後は、朝夕の食事は香の物と一汁三菜であった。また、天性精進がお好きで、野菜類の時にはよく召しあがり、魚や鳥のときは食が進まなかった。脂の強い鳥・魚を召しあがると、ややもすれば御胸に支えて苦しがられた、とは井上玄桐の言である。これは医者の言葉であるから信用して良いであろう。

また、隠居後に用いられた紙は、悉《ことごと》く反故《ほご》紙で、新しいのは一枚も無かった。諸方から来る手紙の裏を剥《は》いで水張りをして皺《しわ》を伸ばし、日に乾かして使用された。また、剥がせないものは黒いところと白いところを切り分けて取っておき、漉《す》きなおさせたりした。（『桃源遺事』）

そのつましい生活ぶりは、実は藩主の時代からであったらしい。『桃源遺事』に、ある時水戸邸に招かれた尾張公が家臣に語ったという話がある。居間に招じ入れられてみると、普請も粗末な狭い部屋で、天井や壁にはやたらに反故《ほご》紙が貼ってある。見ると中には尾張公が出した手紙もある。これはごみが落ちないように貼ったもので、自分にはこれで事足ります、という。給仕に出てくる女中達の着物も粗末なもので、また容貌のすぐれたものは一人も居らぬ。我が尾張藩の三流の女中でも、家臣の召使でも、もうすこしましな容貌のものを召抱えるものだ。その内の奢りを抑える心は誠に感じ入ったものだ、と。また、光圀の普段の暮らしぶりは、千石取りの旗本くらいのものであった、とも伝えられている。

勿論これは吝嗇《りんしょく》（ケチ）ではない。光圀は、必要なところには金銭を惜しまなかった。大日本史編纂のための史局（彰考館）の職員はその最大の時で六十人を超える。また『礼儀類典』の編纂の為の専属の職員も、その最大の時で六十人を超えている。これらは莫大な経費を必要とした。また、北海道探検に「快風丸」を建造させ、那須《なす》の国造《くにのみやつこ》の碑の修復に、楠木正成《くすのきまさしげ》の墓碑の建設に、費用を惜しまなかった。逆にいえば、千石取りの旗本のような生活の余剰を、興廃継絶の事業に用いたのである。

有《あ》レバ則《すなわ》チ有《あ》ルニ随《したが》イテ樂胥《らくしょ》シ、無《な》ケレバ則《すなわ》チ無《な》キニ任《まか》セテ晏如《あんじょ》タリ。

【意訳】美味いものや高価なものが嫌いというわけでは無いから、有れば、それはそれで楽しむのであるが、無ければ無くても一向に平気で、不満を抱きもせず、強いて求めもしない。

【語釈と解説】

樂胥《らくしょ》＝楽しむという意味。楽は苦の反対の意味。胥は、助辞で意味はない。詩経小雅に「君子楽胥」とある。樂胥を「タノシミ」と読む人もあるが、晏如と対応する語であるので、熟語として音で読むほうが良いと思う。若し、「タノシミ」と読むならば、晏如は「ヤスラグ」と読むことになるだろうか。

晏如《あんじょ》＝安らかで落ちついている様子。晏は安に同じ。如も助辞。

ここまでは「其の人となり」を説いた部分である。

蚤《はや》**クヨリ史**《し》**ヲ編**《あ》**ムニ　志**《こころざし》**有**《あ》**リ。然**《しか》**レドモ書**《しょ》**ノ徴**《ちょう》**トスベキモノ罕**《まれ》**ナリ。**

【意訳】

「若い時、わが国の歴史を編集しようという志を立てましたが、その為の参考とすべき文献はなかなか手に入りませんでした。」

【語釈と解説】

蚤＝早。虫の「ノミ」の字であるが、はやく飛ぶことと、音が同じ「ソウ」であることから、早に通用して用いられる。早はもともとは日の出の意味と思わ

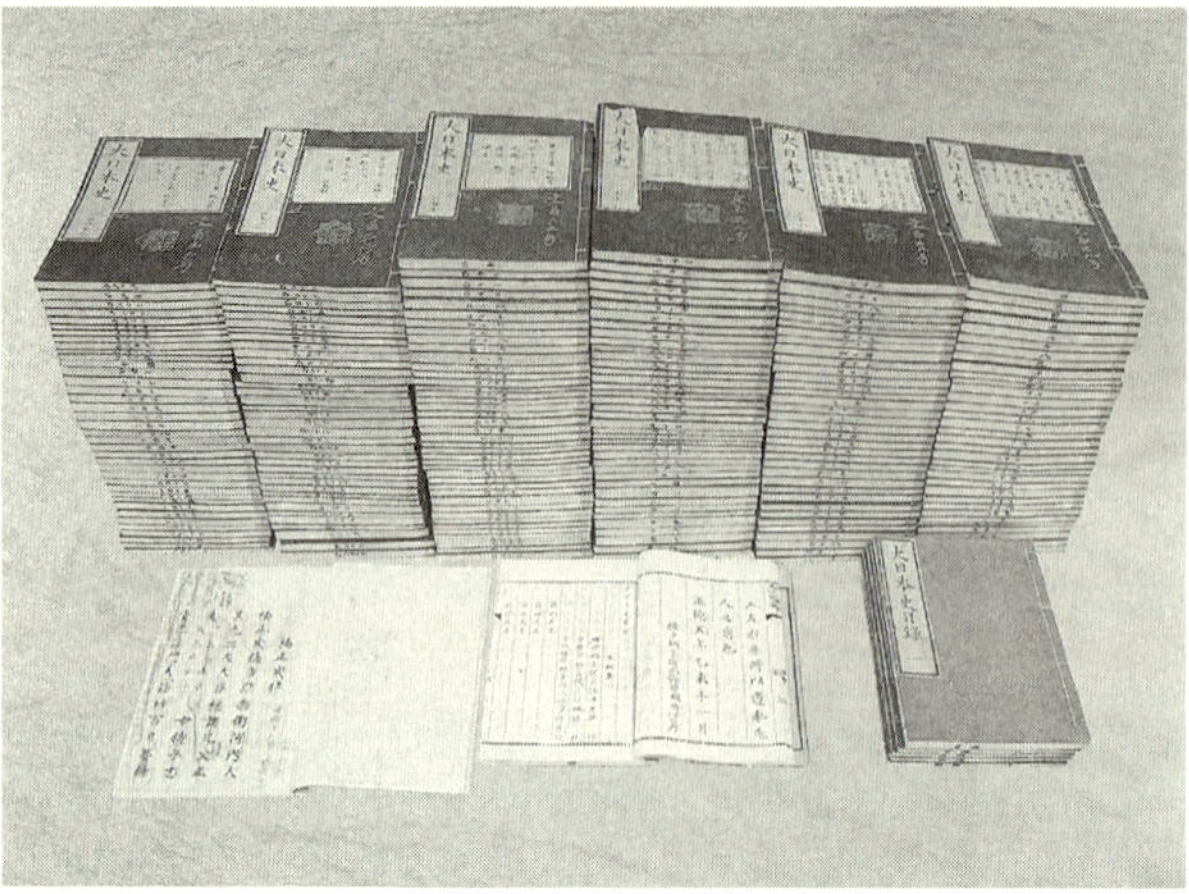

『大日本史』木版本（402巻）と草稿本（複製）
（常磐神社義烈館所蔵）

れ、したがって、蚤歳といえば若い時、蚤起は早起き、蚤死は若死のこと。

徴《ちょう》（徵）＝あきらかにする、とりあげる、の意。熟語の徴用、徴収の徴に同じ。

罕《まれ》＝音はカン。極めて少ないこと。

光圀修史の志が、何時ごろ芽生えたかということは、大日本史の序に「先人十八歳、史記伯夷伝ヲ読ミ」とある以外に数多い光圀の伝記にも書かれていない。が、元禄八年と考えられる京都の遣迎院《けんこういん》応空宛十月二十九日付け書簡には、「下官十八歳の時分より少々書物を読聞《よみきき》申候《もうしそうろう》、其時分より存寄《ぞんじより》候《そうろう》は、（中略）上古より近代迄の事を本紀列伝に仕《つかまつり》、史記の体《てい》に編集申度《もうしたく》存立《ぞんじたち》、」とあることによって、史記の伯夷伝との出会いをその契機としたという「大日本史序」の文章の正しさが証明される。

爰《ここ》ニ捜《さぐ》リ爰《ここ》ニ購《あがな》イ、之《これ》ヲ求《もと》メ之《これ》ヲ得《え》タリ。

【意訳】

「各地を捜索し、いろいろな場所で史料を発掘し、書写したり買い求めたりしました。」

【語釈と解説】

得は「得（う）」と終止形で読んでもよい。あるいは、「え」と読んで、次の句とつなげて読むこともできるが、この句は資料収集の苦心を述べたものとして読み、次の句は研究・執筆の態度を述べたものとして読めば、ここで区切る方がよいと思われる。

『大日本史』の序に、「上は実録に根拠し、下は私史を採摭《せき》し、旁《あまね》く名山の逸典《いってん》を捜《さぐ》り、博《ひろ》く百家の秘記を索《もと》め」とあるように、光圀の史料捜索は殆ど全国に亙《わた》り、しかも、幕府には門戸を鎖《とざ》した公家や古寺の資料にも調査の手を伸ばした。その結果世に出た貴重な史料も多い。例えば「東寺百合文書《とうじひゃくごうもんじょ》」「白河結城文書《しらかわゆうきもんじょ》」「寝彌文書《ねじめもんじょ》」など。その中心となって各地を訪ねたのは佐々宗淳であった。その詳細については、但野正弘氏『新版　佐々介三郎宗淳』（昭和六十三年　錦正社発売）を参照されたい。

また、これらの史料の収集に当っては、努めて筆写し、現物は本来の所有者の手元に残したが、それればかりではなく、重要と思われるものは、更に副本を作成させた。それは、火災などによる湮滅《いんめつ》から守るためであった。従って、現存する彰考館文庫《しょうこうかんぶんこ》の蔵書はその殆《ほと》んどが写本で、書籍・典籍・古文書のうち重要文化財に指定されているものは四件あるが、その中に国書は含まれていない。他の大名家、例えば加賀前田家の尊経閣文庫《そんけいかくぶんこ》などとの違いは、そのまま光圀の考え方を表わしている。

微遴《びりん》スルニ稗官《はいかん》小説《しょうせつ》ヲ以《もつ》テシ、

【意訳】

「史実の探求に当っては、伝説や風聞の記録のようなものまで捨てることなく詳しく比較検討し、」

【語釈と解説】

微遴＝微はわずかな、こまかいという意味。遴は選ぶ、善し悪しをくらべてよいものを選び取るという意。「微《すこ》シク遴《えら》ブニ」と読む人もある。熟語としては『大漢和辞典』にも無いが、享保九年宗堯《むねたか》（第四代成公）の序のある版本では、「微-遴スルニ」となっている。さすがの吉弘元常もその意味を知らなかったとみえて質問し、光圀は「些撰（いささかえらぶ）也」と答えている。

稗官小説＝昔、王者が民間の風俗人情を知るために、身分の低い役人に世間の噂話などを探らせて記録させたもの。これらは史料として確実なものでは無い。それでも慎重に検討して、僅かでも信じ得るものがあれば参考にしたということ。稗官は身分の低い役人、小説は、つまらぬ言葉の意味。

實《じつ》ヲ摭《ひろ》イ 疑《うたがい》ヲ闕《か》キ、皇統《こうとう》ヲ正閏《せいじゅん》シ、人臣《じんしん》ヲ是非《ぜひ》シ、一家《いっか》ノ言《げん》ヲ輯成《しゅうせい》ス。

【意訳】

「正確な史実を収集することで、多くの疑問点を明らかにし、誤りを正すことが出来ました。中でも南北朝時代の皇統の正閏を明らかにし、また、（紀伝体で編集したために、）歴史上の人物の是非を明らかにすることが出来ました。この事業を通じて独自の見識・判断を示すことが出来たといえましょう。」


【語釈と解説】

摭＝多くひろいあつめる。残らず拾いあつめる。「摭《と》リ」とも読む。

闕＝除く。少なくする。「疑ヲ闕キ」は、闕を、あちらこちらが欠け落ちる意味にとって「疑ハシキヲ闕キ」と読み、「疑わしいものを捨てる」とする解釈もあるが、闕には除く意味もあり、「（正しい史実を発掘して）多くの疑問を解決した（疑問を少なくした）」という意味にとりたい。つまり、多くの史料を発掘して、古くからの疑問、問題点に答を与えることが出来たので、皇統を正閏し、人臣を是非することが出来た、と解釈したい。

正閏＝正統と正統でないもの。閏《じゅん》は余りの意味。ここは、いわゆる南朝（吉野朝）を正統とし北朝を閏朝としたことをさす。「本朝史記」の初期の稿本では、北朝は偽朝《ぎちょう》と表現されていたことが、打越樸斎《うちこしぼくさい》の文章から知られる。南朝を正統とすることについては彰考館の史臣の間でもいろいろ議論があったが、光圀は、「この点だけは自分の判断に従って欲しい。世間の学者や後世の人々が、このことで私を罪することがあったとしても、南朝を正統とすることは大義の上からの判断であるから変えることは出来ない」（意訳）と言ったと安藤年山は伝えている。このことは、足利氏の行動や考え方を否定するものであり、極めて重視すべき点で、「嗚呼忠臣楠子之墓」の建立と相俟《あいま》って、光圀修史の本質を示している。そしてその精神は長く水戸藩に伝えられ、究極して十五代将軍慶喜の大政奉還につながるのである。

是非ス＝善悪、正不正を明らかにする。大日本史は紀伝体という記述形式をとったので、歴史上の人物それぞれに伝を立て、その人物の生涯を客観的に叙述するように努めている。従って、個々の人物について一々善悪正否の判断はしていないが、その分類と相俟って読者が自《おの》ずから判断することを期待している。

いわゆる「事に拠《よ》りて直書すれば、勧懲《かんちょう》自ずから現る」という態度である。

光圀は、自分一代でわが国の歴史を全て明らかにできるとは思っていなかった。ただ、自分の努力によって正しい歴史が少しでも明らかになり、後世に裨《ひ》益《えき》することを願った。そのために、常に史臣を戒めて、「日本歴史を書き記すことはお前たちの出来る事では無い。後世に才能抜群の人が現れて日本歴史を撰述しようとする時に少しでも役に立たせるためにこの書を選述しているのだ。だから、どんな些細《ささい》なことでも勝手な憶測で書いてはならない。必ず根拠となる書物や資料を注記するように。」（「史館旧話」）また、「文章は上手である必要は無い。下手でも事実が正確に伝わるよう、またすこし煩わしくとも丁寧な方がよい。」（「検閲議」）と指導した。

一家言《いっかげん》＝其の人独自の見解。この場合は、『大日本史』として結実した。

輯成＝あつめて一部の書物などをつくること。輯は、あれこれ寄せ合わせてひとつにすること。また、材料を集めて書物をつくること。ここでは『水戸義公全集』（享保三年の版本に拠っている）に付せられた返り点によって「一家ノ言ヲ輯成ス」と読んだが、水戸の先輩は多く「輯《あつ》メテ一家ノ言ヲ成ス」と読むようである。語呂の問題であって、意味に違いは無い。

【意訳】

「元禄三年の冬に、何べんもお願いしてようやく隠居を許されました。」

元禄庚午《げんろくこうご》ノ冬《ふゆ》、累《しきり》ニ骸骨《がいこつ》ヲ乞《こ》イテ致仕《ちし》ス。

【語釈と解説】

元禄庚午＝元禄三年。西暦一六九〇年。

累＝かさねがさね。たびたび。

骸骨ヲ乞ウ＝自分の身体を返してくれるよう願うこと。宮仕えをしている間は、自分の身体と骨は主君に預けたものという考えから、それを返してもらって官を離れることを意味する。

致仕＝致は納める意。致仕で官職を辞すること。

光圀の隠棲の理由については、それが六十三歳という、それほどでもない年齢の故か、さまざまな説がある。中でも根強いのは将軍家から疎《うと》まれたために引退を勧告された、とする説である。将軍綱吉は最初こそ光圀の推薦もあって将軍職についたのではあったが、その娘の婚姻や将軍の跡継ぎの問題などで何度か光圀と対立しており、両者の関係はあまり良好とは云えなかったようである。

しかし、光圀が肥前（佐賀）鍋島の分家で当時小城七三二〇〇石余を領した鍋島紀伊守元武に宛てた元禄三年と思われる書簡（茨城県立図書館刊『水戸義公烈公書簡集』）には、健康ではあるが、歳の所為かなんとなく物事がめんどうくさくなり、外出もあまりしないでうつらうつらと過しています。また右の腕も痛く、いつも手を振っている有様で、この分では江戸へ戻っても今までのようなお勤めは無理かと思う。老衰したのでそろそろ隠居を願おうかと考えていることを皆さんにもお伝えください。「まことにむねんゝ千万ニ候へ共、年と申すくせもの故」やむをえないものと思います、などと書き送っている事を見ると、たとえ内心に将軍や幕閣に対する批判があったにせよ、病身を理由に自分から願い出て隠居したと考える方が素直であろう。この手紙の相手である鍋島元武は、年齢は離れているが気心の知れ合ったいわば同志ともいうべき人物であって、一緒に遊郭で遊んだり、生類哀れみの令を無視して鳥を獲ったことを話したりしている相手であって、この人にウソをついたり、妙に気を回したりすることは考えられないのである。

また、隠居を許されて帰って来た時、水戸城に家臣を集めて話をしているが、その時も、腕が痛み武役も勤めがたく、また寒い時には下血が漏れることがあり、殿中などでそんなことがあると大変な不調法になるので、よりより老中に申出て隠居の許しを頂いたのだ、と言っている。ただ、隠居後なお十年元気に過したことを見ると、腕の痛みは五十肩（六十肩？）のようなものであったのかと思う。

光圀は元禄三年六月江戸に戻り、十月十四日に藩主の地位を退いて綱條《つなえだ》に国を譲った。そしてその翌日、権中納言に任ぜられた。光圀はこれを不相応として辞退しようとしたが、老中の強い勧めでこれを拝受した。其の時詠んだ歌が、

位山のぼるもくるし老の身は

麓の里ぞ住みよかりける

である。十一月三日に封地で隠居してよいとの将軍の許しが出たので、その月の二十

九日に江戸を発って水戸に帰ったのである。

初《はじ》メ兄《あに》ノ子《こ》ヲ養《やしな》イテ嗣《し》ト爲《な》シ、遂《つい》ニ之《これ》ヲ立《た》テテ以《もっ》テ封《ほう》ヲ襲《つ》ガシム。先生《せんせい》ノ宿志《しゅくし》、是《ここ》ニ於《おい》テカ足レリ（矣）。

【意訳】

「就封の初めから兄（頼重）の子を養子に貰い受けて跡取りと定め、それから三十年、とうとう藩主の地位を譲ることが出来たので、私の長年の願いがようやく果されたのです。」

【語釈と解説】

兄ノ子＝光圀が養子にしたのは、兄頼重の子の長男松千代（綱方《つなくに》、諡は靖伯《せいはく》）であったが、さらに万一を慮つて次男の采女《うねめ》（綱條《つなえだ》）も養子にした。綱方は寛文十年に二十三歳で早く亡くなったので、綱條（粛公）が水戸徳川家三代となった。なお、光圀のただ一人の実子である鶴松は、頼重の養子となって高松藩の二代を継いだ頼常《よりつね》である。

嗣＝跡取り。

遂＝とうとう、ようやく。ツイニと読む場合は、その事をたゆみなく追求していにやり遂げるという意味。

封＝ここでは音はホウ。封土《ほうど》つまり所領。

宿志＝長い間抱き続けてきた願い。

光圀は晩年、兄の子に跡を譲ることが自分の課題であったことを何度か話題にしている。家督相続に当って無事に兄の子に継がせることは光圀が最も重視したことであった。既に、泰姫との婚姻の時、姫にはそのことがひそかに告げられていたが、衆人の前で家督のことを明言したのは、父頼房の葬儀が済んでいよいよ家督相続の上使が来るという前の日、頼房の神位の前に兄弟達を招いてのことで、頼重にどうしても断れない状況を作っての強談判であった。しかも、一人では万一のこともあるとして、二人も養子にしたのである。その決意が尋常でなかったことを知り得る。

兄を越えて弟が家を継いだ場合、その次の家督はどうするのが正しいか、その答は実は『礼記《らいき》』にある。「檀弓《だんぐう》」上第三の、次の話である。

公儀仲子《こうぎちゅうし》という人物が居った。自分は隠居して長男が跡をとったが、やがて早死してしまった。そこで公儀仲子は、長男に子があるにもかかわらず、死んだ長男の弟を跡取にした。このことの是非をめぐって識者の間に議論があり、子游が孔子にことの是非を質《ただ》した。之に対する孔子の答は「否。孫《そん》を立つ」であった。早世した長男は頼重に、跡をとった弟は光圀に相当する。とすれば、光圀の跡は頼重の子に継がせるべきだということになる。

矣＝「〜だ」と、きっぱりと云ひ切る語気を表す助辞。

既《すで》ニシテ郷《きょう》ニ還《かえ》リ、即日《そくじつ》攸《ところ》ヲ瑞龍山先塋《ずいりゅうさんせんえい》ノ側《かたわら》ニ相《そう》シ、歴任《れきにん》ノ衣冠魚帯《いかんぎょたい》ヲ瘞《うず》メ、

【意訳】

「このようにすべてを始末し終わったので、郷里の常陸に帰り、その日のうちに瑞龍山の父頼房の墓の近くに場所を選んで、土を掘ってここに公職にあった時代の衣服類を埋め、」

【語釈と解説】

既＝将の反対で、すべてが終った状態をいう。「月已《すで》ニ望」といえば十五夜、「月既《すで》ニ望」といえば十六夜のこと。普通には「もはや」と訳す語。

攸＝音はイウ。所に同じ。場所。

先塋＝先祖の墓地。つまり常陸太田にある瑞龍山の威公頼房の墓所。塋は境をめぐらした墓をいう。

相＝ここでは、えらぶ、選択する意。音はソウ。（ショウと読むと大臣の意味になる）

衣冠魚帯＝**衣冠**は、狭義には、殿居《とのい》装束《しょうぞく》ともいい、束帯《そくたい》よりも略式の朝服の様式をいうが、ここでは厳密な意味ではなく、漠然と従三位権中納言としての朝服を指すものとしてよいであろう。**魚帯**は、節会《せちえ》や大嘗会などの式日の服装として、石帯《せきたい》に繋《か》けて腰に下げたもの。近世では、鮫皮《さめかわ》を貼《は》った小箱に小さな金または銀の魚の形を幾つも貼り付けたもの。参議三位以上は金の魚。

瘞＝土中に埋め隠すこと。

載《すなわ》チ封《ふう》ジ載《すなわ》チ碑《ひ》シ、自《みずか》ラ題《だい》シテ梅里先生《ばいりせんせい》ノ墓《はか》ト曰《い》ウ。先生《せんせい》ノ霊《れい》、永《なが》ク此《ここ》ニ在《あ》リ

（矣）。

【意訳】

「盛り土をして、その上に碑を建て、「梅里先生墓」と書き付けました。私の魂は、永遠にここにとどまって移ることはありません。」

【語釈と解説】

載＝「そこで」と訳し、上の語を受ける助辞。衣冠魚帯を埋めて、そして土を盛って、そして其の上に碑を建てて、というように物事が進行してゆく様子を表す字。

封＝ここでは音はフウ。盛り土をすること。例えば、ありづかを蟻封という。

嗚呼《ああ》骨肉《こつにく》ハ天命《てんめい》ノ終《おわ》ル所《ところ》ノ處《ところ》ニ委《まか》セ、水《みず》ニハ則《すなわ》チ魚鼈《ぎょべつ》ニ施《ほどこ》シ、山《やま》ニハ則《すなわ》チ禽獣《きんじゅう》ニ飽《あ》カシメン。

【意訳】

「既に魂は碑を建ててここに封じたのですから、肉体は何処《どこ》で滅びようとも意に

郵便はがき

お手数ですが切手をおはり下さい

162-0041

東京都新宿区早稲田鶴巻町五四四―六

錦正社

愛読者カード係行

御名前		男・女 (　　歳)
御住所	(〒　　　－　　　)	
御職業		
お買上書店名	都道府県　　　市町	書店

愛読者カード・目録請求

ご購読ありがとうございます。関連書の刊行案内などをお送りいたしますので、御記入の上御投函下さい。

本書の書名

本書を何でお知りになりましたか。

①広告（新聞・雑誌　　　　　　　　）　②書評（新聞・雑誌　　　　　　　　）

③書店で見て　④知人の紹介　⑤図書目録　⑤ダイレクトメール

⑥ホームページ　⑦その他（　　　　　　　　　　）

（御購読新聞）　　　　　　　　　　　（雑誌）

本書・小社に対する御意見・御感想

最新の図書目録を御希望の方にお送り致します。どちらかに○をして下さい。　　希望・不要介するものではありません。海や川で死んだならばそのまま魚や亀の餌に、山野で死んだ場合にはそのまま獣の餌にしましょう。」

【語釈と解説】

魚鼈＝鼈《べつ》はスッポン。ここは水に住むもろもろの生物くらいの意。

何《なん》ゾ劉伶《りゅうれい》ノ鍤《すき》ヲ用《もち》インヤ。

【意訳】

「昔、劉伶という人は、墓穴を掘るための道具を持ち歩かせたそうですが、自分はそれすら必要はありません。」

【語釈と解説】

劉伶ノ鍤＝劉伶はいわゆる晋の竹林七賢の一人。酒を好んだことで有名。外出の際には常にお供に鍤を持たせて、自分が死んだらその場で土を掘って埋めてくれるようにといった、という故事に基づく。鍤は土を起し田を耕す道具。すき。

其銘《そのめい》ニ曰《いわ》ク、

月《つき》ハ瑞龍《ずいりゅう》ノ雲《くも》ニ隠《かく》ルト雖《いえど》モ、光《ひかり》ハ暫《しばら》ク西山《せいざん》ノ峯《みね》ニ留《とどま》ル。

【意訳】「そこで銘を作って申します。

月は瑞龍山の雲に隠れても、その残光はこの西山の峰をなお照らしつづけます。」

【語釈と解説】

「月ハ」からが銘。

この一句は、表面的に見れば前に記した「墓誌」に見える「暫ク西山ニ考槃シテ終焉ノ時ヲ俟ツ」（この後しばらくの間は此処西山に隠居所を建てて気楽に思うままの生活をしながら死の至るのを待とう、という意味）に相当するであろうが、更に其の裏には、自分は隠居して世間から姿を隠すが、その志は消えることなく世を照らす、あるいは、自分がこの世を去っても、自分の生涯をかけた道の光は、世を照らすであろう、という意味を認めるべきであろう。この西山は、現に光圀の隠居所である西山荘の地をさすばかりではなく、遠い昔、伯夷叔斉が飢死したことによって道義を千載に伝えた首《しゅ》陽山《ようさん》の別名西山《せいざん》をも想起させる。光圀が隠棲《いんせい》の地を此処に定めた理由の一つがその地名にあったことはよく知られている。光圀が、十八歳の時伯夷伝によって道を感得し、終生この兄弟を理想としたこともまた周知のことである。すなわちこの留まる光は、数千年の時を重ねてますます光り輝く道義の光であり、それは光圀の生涯を以って実践してきた祈りでもある。

碑《ひ》ヲ建《た》テ銘《めい》ヲ勒《ろく》スル者《もの》ハ誰《たれ》ゾ、源《みなもと》ノ光圀《みつくに》字《あざな》ハ子龍《しりょう》。

【意　訳】

「碑を建て文を刻み銘を作ったのは、姓名を源光圀、字を子龍という人物であります。

【語釋と解説】

勒銘＝金属や石に名文を彫りつけること、またその彫りつけた銘文。

子龍の読み方については「シリュウ」と読む人もあるが（本書に載せたクレメント氏の英訳は「Shiriu」となっている）、「リュウ」は慣用の音。龍の字の漢音は「リョウ」で、しかもこの銘の韻字でもあり、「シリョウ」と読む方がよいと思われる。梅里先生の碑陰文の解説はいくつか出ているが、ふりがなは部分的にしかついていない。筆者の見た限りでは全文に読み仮名をつけたのはわずかに一点、昭和三十三年に綿引澄男氏が執筆して水戸市教育委員会が発行した『梅里先生碑陰並銘』という書物であって、それには「シリョウ」とふってある。ただし、綿引氏は瑞龍に「ズイリョウ」とふっているが、これは地名であるから土地の読み方「ズイリュウ」に従うべきであろう。

銘文の韻字は峰と龍で、上平声冬韻。

最後に姓名を明記したところは、五柳先生伝との大きな違いである。しかも、源と言って徳川と言っていない。ここにどのような思いが込められているのだろうか。これについて想起されるのは「弘道館記」末尾の一句、「斯ノ舘《こ》ヲ建テ以ッテ其ノ治教ヲ統《す》ブルモノハ誰ゾ。権中納言従三位源朝臣斉昭ナリ」である。両者に共通するものは、一切の責任を一身に担ってたじろがない英雄の気性である。

四　水戸黄門Q＆A

Q1　光圀は何故黄門《こうもん》様というの？

A　水戸黄門といえば徳川光圀、いやいや、黄門様だけでも「水戸のご老公」というのが日本人の常識？となっていますが、わが国の歴史上には、黄門は数え切れないほど大勢居り、実は、「水戸黄門」だけでも七人！も居るのです。

黄門というのは、実は中納言《ちゅうなごん》という官職の別名なのです。わが国の官職制度は古代に「令《りょう》」によって定められました。この官職は、後に多少の改変を伴い、しかも、中世には有名無実となりながらも、明治維新まで存続していました。古代の官職は、シナの制度に学んで改善工夫を加えたものであったために、わが国の官職に相当する彼の国の官職の名称を別称として通用させました。これを唐名《とうみょう》といいます。秦・漢時代に宮中で天子に近侍して政務を摂《と》った官職を黄門（宮城の門が黄色であったので黄門といい、その門の中で天子に近侍して政務にあずかる者であるから黄門侍郎ともいった）といい、その役職に類似するわが国の官職が中納言なのです。いわば、ハイカラ趣味のようなものです。源実朝《みなもとのさねとも》の歌集を『金槐集《きんかいしゅう》』といいますが、これは、大臣を唐名で槐門《かいもん》といいます。実朝は右大臣でありましたから、鎌倉の金偏と右大臣の槐をくっつけて『金槐集』と名づけたのです。普通の日本語でいえば、『鎌倉の右大臣の歌集』という意味になります。

ちなみに、中納言は令外官《りょうげのかん》といって、『大宝令《だいほうりょう》』に定めが無く後につけ加えられた官職ですが、その職掌は大納言と同じものとされています。権《ごん》は定員外という意味であって仮の意味ではありません。中納言と権中納言では権中納言のほうが下のように思われがちですが、実は全く同等なのです。

また、江戸時代の武家の官位は「公家当官《くげとうかん》の外《ほか》」といって、公家と同じく官位の叙任にあずかりますが、公卿としては扱われません。

水戸徳川家はその極官《ごっかん》（家柄によって到達することの出来る最高の官職）が権中納言でありました。十代に及ぶ藩主の内、成公・良公・武公の三人を除く七人が、権中納言に任ぜられていますから、全て「水戸黄門」なのです。なお、歴代の中で光圀

（義公）は天保年間、斉昭（烈公）は文久年間に、それぞれ権大納言従二位を追贈（明治になって最終的には贈正一位）されていますから、唐名でいえば、水戸亜相《あそう》あるいは水戸亜槐《あかい》ということになります。

Q2 光圀の奥様はどんな人？

A　光圀の奥様は、関白であった近衛信尋《このえのぶひろ》（応山《おうさん》）の末娘で、呼び名を「たい」といい、台姫または泰姫と呼び、名前は尋子と書いて「ちかこ」と読みます。信尋は後陽成天皇の皇子ですが、近衛家に養子に入った人で、その血筋からいうと泰姫は後水尾天皇には姪、時の後光明天皇には従妹に当ることになります。

この縁談を仲立ちしたのはおそらく三木之次の妻武佐《むさ》（五歳まで光圀を育てた人）であったと思われます。武佐は、若い時は後陽成天皇の女御《にょうご》中和門院前子に仕える命婦《みょうぶ》であって深く信任されていました。その後頼房の乳母となり、やがて三木に嫁いだのです。実際に近衛家との折衝に当ったのは江戸の伊藤玄蕃《げんば》友玄《ともはる》と京都の滋《しげ》野井《のい》大納言季吉《すえよし》でしたが、二人の奥さんは共に武佐の娘なのです。

婚礼は承応三年（一六五四）四月十六日、十七歳の春でした。泰姫の人物については、辻了的は「天姿婉順《てんしえんしゅん》（しとやか。やさしく素直な様子）」といい、安藤年山は「御性質も美しくいらっしゃるばかりでなく、詩歌を好まれ、古今集と伊勢物語は全部暗記しておられ、八代集や源氏物語もよく諳《そら》んじていらっしゃった。また、三体詩（唐代の詩の中から、七言の絶句と律詩、五言の律詩の三体をあつめたもので、漢詩を学ぶ人の最初のテキストのようなもの）も暗記しておられました。」と伝えていますが、その教養と人柄は家臣達からも尊敬の目で見られたようです。ある人は「清少納言や紫式部のような」といい、ある人は、「源氏物語にある雨夜の品定めではないが、自分なら泰姫を第一に推《お》す」といっています。また、次のような話が伝えられています。

ある日のこと、姫が硯を磨《す》りながら独り言をいっている。よく聞いてみると「関東の水は硬くてすべりが悪い」といっている。これが光圀の耳に入った。光圀は、それならば、とひそかに人を派遣して加茂川の水を取り寄せてこっそり水滴に入れておいた。いつものように硯を磨り始めた姫は、「おや、今日の水は京都の水のようにやわらかい……」と。

これは本当かどうか分りませんが、聞いた人があの姫ならありそうなことだ、と納得するような姫であった、ということでしょう。

光圀との夫婦仲も睦まじいばかりでなく、姫は光圀の良き理解者であり協力者でもありました。姫が光圀の漢文の講義の席に参加して感想なども述べていた事が分っています。姫は、光圀と共に学び、同じ道を歩もうとしたのではないでしょうか。しかし、身体は弱かったようで、嫁いで僅かに五年、万治元年（一六五八）閏十二月二十三日、二十一歳の若さで亡くなってしまいます。

光圀はその一週間後の正月元旦、先立った妻への哀惜の思いをこめて祭文を作っています。姫亡き後光圀は妻を迎えませんでした。そして、元禄十一年（一六九八）七十一歳の十二月二十三日に、急に髪の毛を切って束髪姿になったのです。その日は泰姫の満四十年の命日でありました。

姫の歌集は『香玉詠草《こうぎょくえいそう》』として水府明徳会彰考館文庫に残されています。（詳しくは、拙著『水戸光圀の遺猷』を参照してください）

Q3　光圀か光国か？

A　光圀の名は、一般的には光圀と書き、本書もそのように表記しましたが、初めは光国（國）と書いたのです。それは、寛永十三年（一六三六）七月六日、九歳で元服した時、時の将軍家光の名の一字をもらい、『晋書《しんじょ》』の陸雲伝《りくうん》の『聖徳龍興《せいとくりょうこう》、光《こう》有大国《ゆうたいこく》』という語から国の字をとって、光国と名乗ったのです。ところが晩年の署名は光圀となっているのです。

一体、何時から文字を変えたのかについては、古く『水戸紀年』という書物に「延宝七年正月に国を圀と改めた」と記されているのですが、これは、この書物の性質から言っても事実から言っても信用できない、とされてきました。

水戸彰考館の館長をなさっていた福田耕二郎氏は、光圀が京都の公家に宛てた書簡を集めた「公卿御書留」を調べることによって、この改名字が光圀五十六歳の天和三年（一六八三）十月二十日付けの書簡に初めて現れ、その後しばらく混用され、翌貞享元年からは光圀に統一されていることを明らかにされました。もっともその後の書簡にも、まれに光国とあるものもあるが、それは例外的であって、貞享元年

（一六八四）、光圀五十七歳以降は光圀を用いたということになります。（『郷土文化』第五号所収「義公の諱、圀字使用年月考」）

それにしても、なぜ圀という文字に変えたのか。実はこの文字は則天文字《そくてんもじ》という特殊な文字で、史上悪名の高い則天武后《そくてんぶこう》が作らせたもの、光圀が使うにはふさわしくないと、誰もが不思議に思うのですが、未だにそのなぞを解いた人はありません。

ただ、瀬谷義彦氏は、貞享二年（一六八五）に、本国寺が光圀によって本圀寺と改称されたことをヒントに、天和三年前後は、編纂事業にも新しい進展があり、藩政上も一段の飛躍が必要とされた時期であったとし、「文字の神秘的な力を考え、則天文字の一字に目をつけて光圀と改めたことは、それによって一大飛躍を決意したものではなかろうか」と推測しています。たしかに、光圀の生涯の中でも重要な時期と改名が重なっていることに注目した点はさすがですが、光圀が圀の文字に気づいた時期が不明のため、極めてあいまいな推測の域を出ないものの、私はやはり、「大国光有」等という文字の重さを避けて（本国もそうであろう）、一般には通用しない、いわば死文字である圀の文字に改めることによって慎みの気持ちを表したものと推測しています。

Q4 光圀の若い時ってどんなだった?

A 光圀が六歳で世子となって江戸に上ってから十三歳位までは、いくつかのエピソードが残されており、それらからは、活発で負けず嫌いの気性と聡明で利発な姿が浮かんできますが、それから十八歳までの光圀について、正伝ともいうべき『義公行実』にも『桃源遺事』にも何の記載もありません。十八歳になって突然、それまでは学問を好まなかったが、これよりうってかわって寸暇を惜しんで学問に精を出すようになった、という記事が出てくるのです。

今で言えば中学生から高校生という問題の時代、光圀はどのように過ごしていたのか、そのことを伝えるのは『小野言員諫草《おのときかずいさめぐさ》』と名付けられた一編の写本なのです。

それによると、十六・七の頃の光圀は、放埒《ほうらつ》な不良少年であったのです。脇差は「突っ込み指し」で前に抜き出して差し、歩き方は両手を大きく振り、他人に会って礼をする態度は「はすは者、かぶき者」とすこしも変わらない。ひそかに三味線や琴を好んでひくことも、人はみな知っており、心のほどが知られるとうわさが立っており、衣服は木綿の小袖にビロードの襟を付けたものを着て、帯は腰に巻きつけにし、厩や下働きの者の部屋へ気軽に出入りしては卑しい話に興じたり、弟達に「色好み」の話をするというわさもある。父の前に出ても幼い弟達と駆け回り、行儀悪く言葉も粗末で、父の教訓も少しも耳に入れないほどであるから、周りの者の言うことなどは少しも聞き入れない。ただ、好き好むままに我がまま勝手に振舞っている。その悪評は外部まで聞こえて物笑いの種、旗本達の間では「水戸様の御家督とは信ぜられぬ言語道断の歌舞伎《かぶき》人である」という風評まで立っている。と述べています。

小野言員は、光圀の傅《ふ》（守り役）の一人で、この『諫草』は、見るに見かねた言員が、十六ケ条にわたって懇々と反省を求めた文章であったのです。その中で言員は「もともと利発なあなたが、何の理由も無くこのような無軌道を為さる筈はありません。何か深い理由がおありになるのでしょう。私にその悩みを是非打ち明けてください」とも述べています。そうすると、伝えられたような不良ぶりは、普通に言われるような青春の煩悶《はんもん》や逸脱・暴走という以外に、わざとであった可能性も捨てきれません。想像を逞しくすれば、廃嫡《はいちゃく》という処断を待って兄に後を譲ろうとしたのかもしれません。

その理由はともかくも、この放埒な少年、青春の煩悶の極にあった少年に鉄槌《てっつい》を下して、解答を与え人の道に目覚めさせたのが『史記』の「伯夷伝」であったのです。

ちなみに光圀は、散々迷惑心配を掛けたこの守り役の死に当って一文を贈り、心からの感謝を捧げてその霊を弔っています。

Q5　光圀のヒゲは？

A　テレビの水戸黄門は、白いおヒゲを生やしています。光圀は何時頃からヒゲを生やしていたのでしょうか。

光圀の伝記として最もポピュラーな『桃源遺事』には、「御老後に西山に御隠居なされ候てハ御鬚髯《じゅぜん》御たて被成《なされ》候。御髪髭もうるはしく、御堅肉《かたしし》也」とありますから、隠居してから生やしたものと思われます。わが国では「アゴヒゲ」も「クチヒゲ」も全てヒゲですが、漢字では生えている場所で文字が違います。鬚《しゅ》は「アゴヒゲ」、髯《ぜん》は「頬のヒゲ」、髭《し》は口の上の「クチヒゲ（ウエヒゲ）」を言います。

なぜ、隠居してからヒゲを立てたのかは不明ですが、水戸藩九代の烈公（斉昭）がヒゲを立てている肖像を残しています。ちょっと余談になりますが、烈公のヒゲが何時頃から立てられたかについては、天保十四年正月とされている藤田東湖（烈公の側用人を勤めた人）の書簡に、老中に対してヒゲを立てたまま江戸へ戻り将軍に拝謁する許可を求めた、ということが書かれています。それによると、再三ヒゲを立てては老中に「悪いとは申しませぬが御三家様としては異体はお見合わせ下さるよう」と抑えられてその都度剃っており、なんとか了解してもらおうとしていたことが解ります（東大図書館蔵『東湖先生 書柬抄《しょかんしょう》 一』）。とすれば、光圀も藩主の時は遠慮していたのかも知れません。

Q6　光圀の人相は？

A　光圀という人の風貌は、どのようであったのでしょうか。その表情は、水戸家に残されている衣冠束帯姿の立像（彩色絵画）や常陸太田の久昌寺（光圀のお母様の供養のために建てられた寺）に伝わる三枚の仮面、同じく久昌寺にある衣冠束帯の坐像などで想像する事も出来ますが、光圀の生涯と数々の逸話を記録している『桃源遺事』（『西山遺事』ともいう）という書物には、次のように書かれています。

「御色白く、御像《せい》高く、御肩ひろく、御顔おもながに、御額広くして、両方に角ありて、日角《にっかく》ともいはまほしく、御目ぶくろ長く、大抵の目の少し細かたに御見え候が、御見張候得《みはりそうらえ》は尋常の目よりは大きなる御目なり。御耳長くしかも大なり。御鼻柱とほりて高く、是や隆準《りゅうせつ》とも申すべきか。御口そりかへりてよのつねならず。誠に大将の威儀おのづから備はらせたまふ。」

日角は人相の一つで、貴人の相。隆準《りゅうせつ》は高い鼻をいいますが、漢の高祖が隆準龍顔《りょうがん》であったと伝えられるところから、やはりめったに無い高貴の相。耳が長いのも同じようなことで、『三国志』で有名な蜀漢の劉備玄徳が異常に長かったといいます。隆準というのは西洋人のようなとんがった高鼻ではなく、往年の大女優山本富士子や相撲の錣山親方（元寺尾関）のような中高（なかだか）の鼻をいいます。

　若い時はその美男ぶりは世間の評判で、登城の際には、一目見ようという若い女性が群がったといいます。

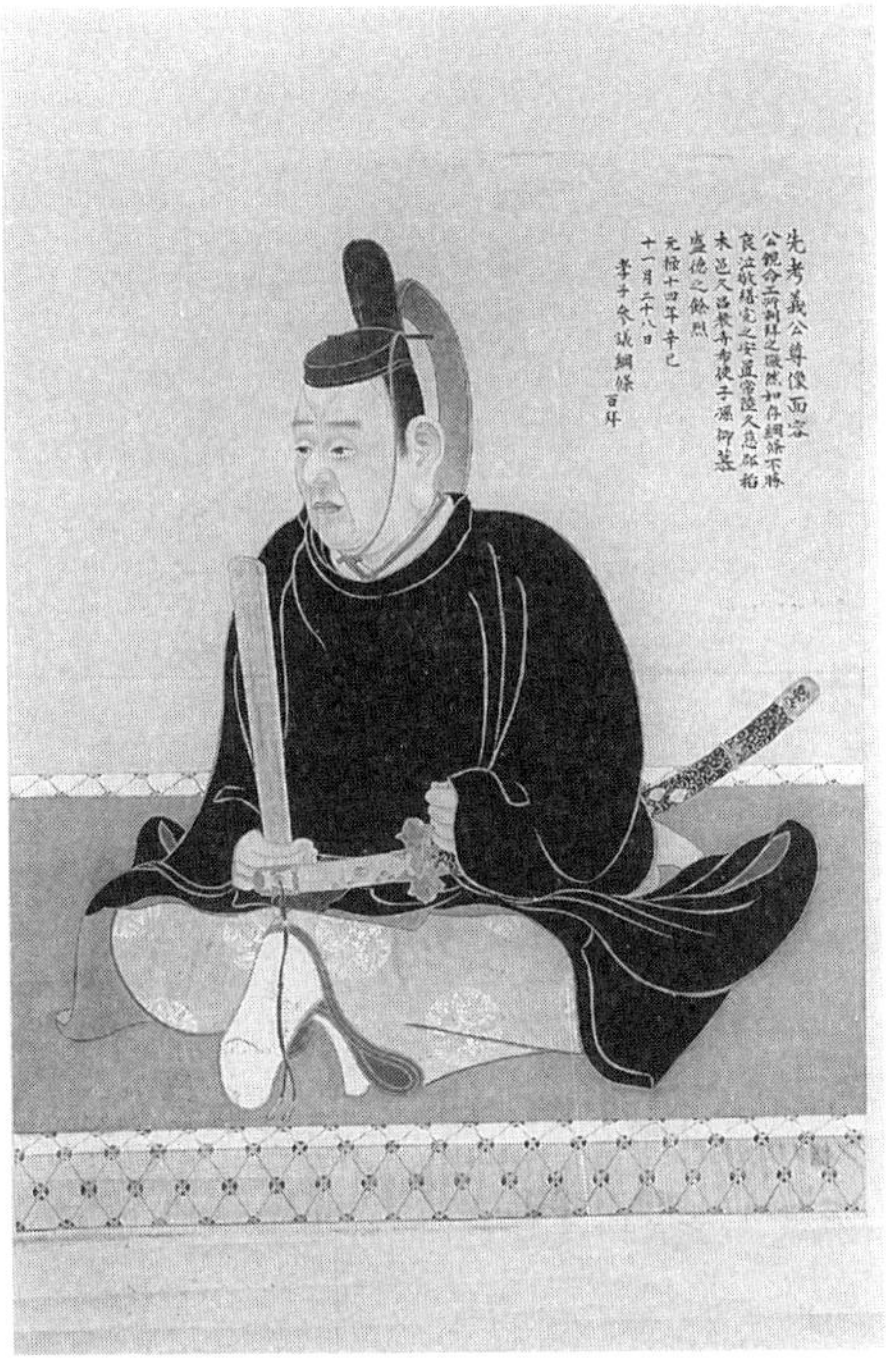
藩主時代の徳川光圀肖像（常磐神社義烈館所蔵）

Q7　光圀は『史記』の「伯夷伝」から何を学んだか。

A　『大日本史』の序は、光圀が十八歳の時に「伯夷伝」を読んで修史の志を起こしたと伝え、『義公行実』その他の伝記類は、

「伯夷伝」を読んで兄の子に跡を譲ることを決心した、と伝えています。そして、後者は光圀自身が語ったと記録され、前者は、本文の「蚤《はや》くより史を編むに志あり」の項で述べたように、光圀の書簡で確認されます。

では、『史記』の「伯夷伝」には何が書いてあるのでしょうか。「伯夷伝」は、いわば『史記』の「伝」全体の序論を兼ねたような長文で難解な文章ですが、要約すると四段に分れます。

第一段は全体の「まくら」のようなもので、歴史を伝える材料には信頼できる文献と、民間の伝承など不確かなものがあるけれども、歴史の真実を明らかにするためには、伝承などでも広く深く探り検討していかなければならない、（碑文に「微遴スルニ稗官小説ヲ以テシ」とある一文を想起します）として、民間に伝えられた伯夷の詩をあげて、文献では見えてこない兄弟の心理を推測します。

第二段は、伯夷叔斉の伝記であって、家を譲りあったこと、武王の革命を諫《いさ》めたこと、その革命に反対して首陽山《しゅようざん》（別名西山《せいざん》）で餓死したことなど、その一生を道義によって貫いた事実を述べます。

第三段は、このような清節の士であってもその一生は不遇で、しかも最後は餓死してしまった。一方、悪いことばかりした大泥棒でも、贅沢ほうだいをして畳の上で往生した例もある。一体、天道というものは信用してよいものなのだろうか、と、善人善行が必ずしも報われない人の世の現実、選び取った生き方が必ずしも本人の現世の幸不幸とは関係しない現実を指摘します。

第四段では、人はそれぞれの志にままに生きるのであって、一見無秩序のようなこの世界のさまざまな人間模様ではあるが、それぞれの人生の善悪優劣は聖人によって明確に判別される。問題は天道にあるのではなく、各々が何に志したかによる。優れた人は誰に認められなくても優れてはいるものの、孔子などの聖人によって評価され、文献に記録されることによって、はじめて人々に認識されるのであって、ここに記録すること、つまり歴史の叙述の意味がある。と、列伝執筆の意義を述べて全体を結んでいます。

「大日本史序」の「載籍《さいせき》アラズンバ虞夏《ぐか》ノ文、得テ見ルベカラズ。」、「史筆ニ由《よ》ラズンバ、何ヲ以ッテカ後ノ人ヲシテ観感《かんかん》スルトコロアラシメン」はそれぞれ第一段と第四段とを要約したものと言ってよいでしょう。そうすると、第二段の内容の中で、後世に深刻な課題を残した部分、すなわち革命を否定して武王を諌め餓死したことに対する判断が抜けていることになります。しかし光圀は、この事に対して「文王は聖人なり、武王は聖と申かたし、伯夷が諌《いさめ》しこそ正道なれ」(『西山随筆』)と明確な判断を下しています。してみれば、光圀が君臣の大義という問題についても伯夷の判断を正しいとしていることがわかります。

光圀はわが国における君臣の関係をどう見ていたのでしょうか。徳川将軍は全国に君臨して王者の如く、その支配は強力無比でありました。日本国中が幕府の威光にひれ伏していたのでした。そのような時代にあって、しかも家康の孫という立場にあった光圀の信念は、「わが主君は天子なり」であり、その隠棲に当って綱條に残した遺言は「君以て君たらずと雖も、臣、臣たらざるべからず」(たとえどんな理不尽な主君であっても、臣下である以上は臣下としての道を貫くべきである、ということ)でありました。そして、それは、「いかなることがあっても、たとえ将軍の命令であっても、京都(朝廷)に対して弓をひいてはならない」という水戸家代々の遺訓となって伝えられたのでした。南朝を正統とするという判断が大義に基づくということばも、同じ認識から出ていることです。『礼儀類典』を編纂して朝儀《ちょうぎ》の復古を願い、湊川に楠木正成を顕彰するなどの事績を見れば、光圀が、将軍が王者のように君臨することは、日本の国柄とは相容れないものであるという認識を持っていたことがわかります。同時に、光圀の生涯の努力目標であり終生の願いであった「興廃継絶」の真意も察せられようというものです。

このように考えてきますと、光圀が「伯夷伝」から学んだものは、煎《せん》じ詰《つ》めれば、その人生を貫く根本の理念であり、生涯の目標であった、ということが出来ましょう。光圀自身の人生が歴史の批判に耐え得るように生き抜くことでありました。それは、具体的には、家の跡を兄の子に譲ること、自分の兄弟や家臣たちに篤く接すること、などの身近な人間関係の中の道を正すことに始まり、『大日本史』や『礼儀類典』の編纂などのさまざまな事業を通して、歴史の中に一貫する日本人のあるべき生き方を探求することに繋がっていくのです。

今も後楽園（旧水戸藩上屋敷）に残る得仁堂は伯夷叔斉を祀ったもので、論語の「仁ヲ求メ仁ヲ得タリ」という伯夷兄弟を称えた言葉から名付けられたものです。

Q8　黄門漫遊記は本当？

A　黄門様といえば『水戸黄門漫遊記』、葵の紋所で一件落着、というのは大変愉快ですが、いわゆる漫遊記のお話は、ご承知のとおりすべてフィクションです。ただし、大衆娯楽小説である講談『黄門漫遊記』のお話の中の一つだけは、事実を踏まえたもののようです。それは、米俵に腰掛けて叱られたという話で、水戸台地の北側を流れる那珂川の対岸にある青柳村でのことと伝えられています。

当時諸大名の領地は、いわば一つの独立国でありましたから、他国の人間が自由に出入りすることはできません。まして、大名が気軽に諸国漫遊などできるはずがありません。御三家の水戸であっても、江戸から水戸へ水戸から江戸への移動でさえ将軍の許可が必要でした。光圀は、江戸と水戸との往復以外に他領へ出たのは、日光への社参と、二・三度鎌倉及び熱海へ行っただけです。鎌倉には頼房の養母英勝院を祀った英勝寺があり、初代の住持は光圀の妹で水戸家との関りは深く、後にも水戸家の姫君が院主に入っています。

それでは何故「漫遊記」などが出来たのでしょうか。

光圀は他の大名と異なって、特に隠居後には、領内各地を訪ねています。但野正弘氏の研究（『黄門様の知恵袋』）によると、太平洋沿岸地域は勿論、北は鷲子《とりのこ》・馬頭《ばとう》・小砂《こいさご》などの山間部、南は小川・玉造・潮来《いたこ》・佐原方面まで、領内殆どにその足跡を延ばしています。これが一つでしょう。

もう一つは、その藩主としての善政が、他国にまで聞えていたことです。テレビでは殆ど毎回悪い役人をやっつけますが、実際に光圀が藩の農政を預る役人を厳しく叱ったことがあります。それは、光圀が役人に対して、農村の実情について政務の改善の意見を求めた時に、役人が、面倒くさかったのか阿《おもね》ったのか、とても善く治まっており何の問題もありませんと報告したので、その無責任さを厳しく叱責したのでした。藩主として絶えず反省し工夫改善に心を配る姿勢、隠居しても各地を訪ねて文化財の保護に力をそそぎ、花や月を楽しんでは詩歌を唱和し、民間の実

彰考館総裁安積覚兵衛覚（澹泊）の墓
（水戸市松本町・常磐共有墓地）

同総裁佐々介三郎宗淳
（十竹）の墓（常陸太田
市増井町正宗寺墓地）

情にも注意を怠らず、善を勧め悪を反省させ、身分の隔てなく人に接する姿が、『漫遊記』のやさしくも厳しい黄門様の姿となったのでしょう。

Q9　助さん格さんは実在の人？

A　講談やテレビに出てくる黄門様は、いつも助さん格さんと一緒です。

この助さんのモデルは佐々介三郎《すけさぶろう》宗淳《むねきよ》（号を十《じっ》竹《ちく》）という人物です。父は佐々直尚といい、戦国武将の佐々氏の一族で、讃岐高松の生駒高俊に仕えましたが、藩の内紛によって藩を離れ、その脱出行の途中で宗淳は生まれました。十五歳のとき親の命令で京都花園の妙心寺に入って僧侶となります。彼は熱心に学び進んで諸方に参禅して苦心修行しますが、当時の仏教界の堕落に耐えられず、また、仏教では親の仇討を禁じていることを知って迷い、更に三世輪廻の思想を認めることが出来ず、遂に仏教を批判して還俗し、江戸に出て間もなく延宝二年（一六七四）九月三十五歳の時に水戸に仕官することになります。

水戸藩に仕えて史館（彰考館）の一員となった宗淳は、水を得た魚の如く、光圀の手足となって縦横の働きをします。各地を歩いての資料収集に、那須國造碑の修復や湊川の楠公碑の建設にと、光圀の名代としての働きは実に見事なものでした。勿論学者としての見識も光圀の認めるところであり、その意見も採り入れられています。いわば初期の大日本史編纂事業の中核部分を担った人であって、そのような宗淳の活躍が、漫遊記のお供の資格を得た原因でしょう。宗淳は光圀の隠棲とともに小姓頭となり西山荘の近くに住んで、なにくれと光圀の用を足しましたが、光圀より早く、元禄十一年（一六九八）六月に五十九歳で亡くなりました。（宗淳について詳しく知りたい方は、但野正弘著『新版　佐々介三郎宗淳』（昭和六十三年　錦正社発売）を参照してください）

もう一人の格さんは、本名を安積覚兵衛《あさかかくべえ》覚《さとる》（号を澹泊《たんぱく》、隠居後は老牛）といいます。講談では渥美《あつみ》格之進であったかと思いますが、安積を「あつみ」と読んだのでしょう。本当は「あさか」です。覚兵衛は光圀の命令で朱舜水に学び、元禄六年（一六九三）に史館総裁《しかんそうさい》になっています。亡くなったのは元文二年（一七三七）八十二歳ですから、宗淳の方が十六歳先輩になります。覚兵衛は専ら史館にあって編修の仕事に携りました。特に、光圀没後、初期の先輩たちも相次いで亡くなった後をうけて、史館の重鎮長老として光圀の遺志を継いで『大日本史』の完成にその生涯を捧げました。『大日本史』紀伝が一通り完成して幕府に献上することが出来たのも、安積澹泊の指導によるものでありました。

そのようなわけで、この二人は、『大日本史』編纂の前半の歴史の中で最も重要な働きをした人たちですから、あたかも光圀の脇侍のような『漫遊記』のお供にふさわしい二人である、というわけです。

Q10　藤井紋大夫徳昭手討ちの真相は？

A　藤井紋大夫お手討ち事件の背景については、いろいろに伝えられていますが、その真相は明らかではありません。ただ、『桃源遺事』に、紋大夫のことを書いた書物はさまざまあるが「一ツとして取にたらざるなり。見る人ありとも必ず信用不レ可レ有もの也。（中略）所詮渠《かれ》かさまを知らんと思はん人は漢の王莽《おうもう》か伝を見へし。紋大夫は彼王莽に相似たるもの也。」と述べてある一文から想像するほかはありません。（王莽は、漢の臣でありながら、哀帝を斥け平帝を毒殺して、みずから仮帝と称して国を新と号した大逆の人物で、劉秀〈後漢の光武帝〉に滅ぼされた）ただ、当日の様子については、井上玄桐が「目の当り見奉りし趣」を詳しく書き残しており、掻い摘んで現代語に翻訳すると次のようになります。

お能の五六日も前のある日、夜食の後に、舞台の楽屋を見に出かけられ、鏡の間へお成りになり、ここに屏風をひいて、ここで折り曲げて、など細かにお尋ねの上お帰りになった。何のためか皆不審に思った。出し物は途中で着替えなくてよい物をと、「千手《せんじゅ》」を選ばれた。当日はその外仕舞もすべてしっかりとお出来になった。普段の服に着替えられてご休息なされる頃は、丁度中入り頃で、表にはお料理も出、お客をもてなしている。堀田宮内が入ってきて、表でお食事をなさいませんか、と言われたが、まだいらぬ、と仰ってお立ちにならない。しばらく経《た》って、それでは御酒でもということになって盃や銚子《ちょうし》、肴《さかな》などが運ばれてきた。公は寺嶋彦三郎、堀田宮内、と三人で少しお酒を召しあがった。お盃を撤せられて、物見の障子を取外してあったのを、障子を立てよ、と仰せられる。今日は曇りで日差も入らないのに何のために鎖《とざ》されるのかと不思議に思ったが、私が進み出て障子を嵌《は》めた。それから、お相伴《しょうばん》の二人にはお客のお相手をするようにと促し、私には見所《けんじょ》（客席）の様子を見てくるようにとの仰せ。皆様食事を済ませお湯をお飲みになってあります、と申上げると、しからば紋大夫に次のように伝えよ、といわれた。「そなたにさしあたって殿の御用がなければ、一寸《ちょっと》話したいことがあるから来るように。御用があるならば、無理に来なくても良い。」と。

紋大夫が食事を終って、うちくつろいで楊枝《ようじ》を使いながら縁側の鈴木安心老に向ってなにやら話をしているのを見て、仰せを伝えると、特に用は無いから案内を頼む、とすぐに立上がる。鏡の間の入口まで案内して、私は入口の前に控えていた。

三木幾衛門、秋山村衛門は私より少し内側に控えていた。私は、通りかかった海野三衛門と話をしながら、時々首を曲げて中を見るが、紋大夫は屏風《びょうぶ》の陰になって見えない。公との間合《まあ》いは四尺ほどであろうか。内容はわからないが、なにやら往復問答の様子であった。ややあって又覗《のぞ》いて見ると、それまでの座から紋大夫の方につとお寄りになる。これは何事かと中に入りました。

幾衛門と村衛門は私より先に入りました。後から聞いたところによると、公は紋大夫を引寄せられ、お膝の下に首を敷き伏せ、口を膝で強く抑えているので、紋大夫は声も出せない。左右の缺盆《けつぼん》（肩の上の横骨—鎖骨—のくぼんだところ）より一刺しづつ刺された。脇差は法城寺《ほうじじょうじ》が鍛えた菖蒲作《しょうぶつく》りの業物《わざもの》で、お強力にまかせて刺されたので、五枢（不明。あるいは天枢の誤記か）までも徹《とお》ったことであろうと思う。私が目にした時は二刺し目を刺されるところであった。小口を紋大夫の衣服で抑えながら抜かれたので、血は一滴もこぼれない。もうよいだろう、とたちのかれると、血が胴の間へ落ちる音がごうごうと聞こえてそのまま事切れた。そのまま敷いてあった毛氈《もうせん》を被《かぶ》せ、御目付《おめつけ》と御用人《ごようにん》を呼べ、と仰せられる。阿部七兵衛などが参上すると毛氈を開いて見せ、「当座の口論でこのような始末になった。自分はこのまま帰るが、客へは隠密にして機嫌よく遊ばせるように。猩猩《しょうじょう》（能の曲名）を舞うことになっているが、嶋屋吉兵衛（水戸藩お抱えのシテ方能役者）に良く云い聞かせて、光圀が舞っているものとして舞台をつとめよ、必ず、客が知って騒ぎ立たぬように」と仰せられて、お立ちになり、そのまま十人ほどがお供について、道々機嫌よく、何時ものように雑談をかわしながらお帰りになった。

後に、彼一人殺すはたやすいことで、あれこれ気を使うことも無いのだが、彼を殺すことに気が行ってしまって謡を忘れた等と思われるのも心外である。自分はよく謡を忘れるが、今日は幸い忘れなかった。また、障子を立てさせたり口を強く抑えたのは、声を立てられて客を騒がしてしまっては、あれくらいの者一人殺すのに客にまで迷惑をかけた、と嘲《あざけ》られても面白くないからである、と仰せられた。実際鏡の間から三尺ほどしか離れていなかったお客にも全く気付かれることは無かった。

またその後、ある人が、御自ら手を下さず、誰かに命じて殺させればよかったのではないでしょうか、と申上げると、自分もそう思ったけれども、そうすると、その下手人は切腹申しつけられるやも知れず、あたら侍一人切腹させるのも本意ではないので、自ら手を下したのだ、と仰せられた。(「玄桐筆記」)

この時光圀が用いた脇差は、関東大震災で焼身になったものの、現存していいます。『武庫刀纂《むことうさん》』(水戸藩で作った記録)では「無銘　但馬法成寺」とあり、長さ一尺八寸一分半、鎺元《はばきもと》一寸、横手下《よこてした》九分三厘、厚《あつみ》二分八厘、反《そり》三分となっています。鍛え肌は板目より木目に近く、切先《きっさき》に小さな刃こぼれがある。実測してみると全長は七〇八㎜、とかなり長く、刃渡り(＝上記の長さ)五五一㎜で、中心穴《なかご》は二つ。菖蒲造り《しょうぶづくり》ですが、あるいは薙刀《なぎなた》直しかとも思われ、光圀の臂力《ひりょく》が人並はずれたものと伝えられていることを肯かせるような、身幅の厚い重厚な一振りです。

おわりに

梅里先生碑陰文（寿蔵碑文）は、水戸の文章の中でも最も有名なものといってよく、またこれを愛好し暗誦する人も多い。

筆者が最初にこの文章に触れたのは、中学校の国語の時間であったと記憶する。そのときに梅里先生碑陰文を読んだというだけで、申し訳ないことに、その折に何を話されたかは全く記憶に無いが、当時、昭和二十年代後半、の中学校の教材に漢文は無い。もはや漠然とした記憶でしかないが、恩師の手作りであったと思う。その恩師も黄泉の住人になって久しい。時は容赦なく流れる。ひょっとすると、中学校時代へのノスタルジーが本書を担当するきっかけを作ったのかもしれない。

当時は、敗戦の後遺症は未だ強烈で、水戸学などというものは保守反動の巨魁であったから、一介の中学生は、水戸学という言葉すら知らなかった。恩師が何故この文を我々に提示したのか、その理由も意図も不明であるが、私は半世紀を隔ててその折の恩師の心がわかるような気がする。

歴史とは心である、と思う。心から心へと伝えられるもの、それが歴史なのであろう。そうすることで、人は、歴史をいとおしむことを知り、歴史につながる。

いま、この書物を書き終えて、改めて、自分の学問の浅さ人間の至らなさを恥ずかしく思う。出来あがったものは極めて不十分であり、今後更に優れた人によってより深く玩味され書き直されるであろう事を願うのみである。ただ、五十年の昔の中学校の教室がなかったならば、そして、その後のさまざまな出会いが無かったならば、私はこの文を書いていないだろう。そして、不十分なものであっても、いま、私がこの書物を著して読者と結んだ絆は、恩師が願ったように、やがて心と心の響きとなって歴史をつないでいくに違いない。そう信じて筆を擱くこととする。

なお、本書の執筆に際しては、植草学園短期大学教授但野正弘氏から多くの資料の提供を受けた。末尾ながら記して謝意を表する。

平成十六年一月記

著者

E.W.クレメント氏の英訳『梅里先生碑陰竝銘』について

本書に収録した英訳『梅里先生碑陰竝銘』は、米国人 E.W.クレメント氏（1860–1941）の訳によるものである。同氏には、明の遺臣朱舜水や禅僧心越等の略伝をまとめた水戸藩に関する数編のレポートがある。ここに転載した『梅里先生碑陰竝銘』は、『日本アジア協会紀要』（vol. 24、東京、1896）に掲載された“Chinese Refugees of the 17th Century in Mito”と題した論文の註記I（pp. 36–38）に載せられているものである。

クレメント氏についてはすでに、拙稿「E. W. クレメント氏の水戸藩研究」（拙著『水戸の學風』錦正社、1998）に述べたが、因みに同氏は明治20年（1887）10月から同24年7月迄の4年間、旧制茨城県立水戸中学校の英語教師として在勤している。一度帰国した（1891）が明治27年（1894）に再び来日、爾来、旧制第一高等学校などで英語を教え、在職16年に及んだ。長年にわたる英語教育の功績に対し、日本政府は昭和2年（1927）勲五等旭日章を贈呈した。同年帰国、昭和16年3月11日ニューヨーク州ロングアイランドのフローラル・パークの自宅で死去した。行年81歳。（武内博編著『来日西洋人名事典』紀伊国屋書店、1989、pp. 119参照）—照沼好文記—

destined; if in water, it is to be given to fishes and turtles; if on a mountain, it is to be given as food to fowls and beasts. Hence there is no use even of "the spade of Riūrei.[2]"

The stanza says: "Though the moon hides in the clouds of Zuiryū, yet its light remains for a moment on the peak of Nishiyama. The person who built this tomb and wrote this inscription, is Minamoto no Mitsukuni, Shiriū."

Note:

1. That is to say, "he resigned."

2. Riūrei was a famous Chinese scholar, who was attached to the doctrines of Laotse, and like to drink wine. He once said; "When I die, I shall not need any funeral; only a spade will do, which will dig up the earth in the place where I may fall." In as much as Mitsukuni's body was to be given, either "to fishes and turtles" or "to fowls and beasts," there was no need even of Riūrei's spade to dig him a grave.

— E. W. Clement, "Chinese Refugees of the 17th Century in Mito," Transaction of the Asiatic Society of Japan, vol. 24, 1896, pp. 36-8. —

indulges his appetite; singing poems he humors his taste. Nice music, beautiful women, rich food, are not liked by him; an elegant mansion and rare furniture are not his aim: he is content with either affluence or indigence.

From his youth he intended to write a [Japanese] history; but, as reference books were scanty, he first sought for and bought as many as possible. Even a novel or a narrative was carefully read. The aim was to present *facts* and to exclude doubtful matters. Having declared for the real Imperial line, and having criticized ancient [so-called] loyalists, he naturally formed original opinions.

In 1690 he "asked for his skeleton[1]". Before this he had adopted his nephew and made him the heir [of the principality] ; now he consigned all the dominion to him. In such a way his long-cherished object was fulfilled. After a time he returned to his village, and, by his father's tomb on Mount Zuiryū, buried all his old official robes and built a tomb called "the plum-village teacher's tomb." Ah! Here his spirit is to rest eternally! But his body is to be cast where it is

The Inscription and Stanza on the Back of the Tombstone of Bairi-Sensei

translated
by
E. W. Clement

The teacher (*sensei*) is a native of Mito, Hitachi. His eldest son was feeble; and his elder brother died young: so that he alone waited on his father in a respectful and obedient manner. As for his character, he is not bigoted or dogmatic. Although he venerates Shintō and Confucianism, yet he is wont to criticize them; and, although he is an intelligent student of Buddhism and Taouism, he often attacks them. He likes guests, so that his gate is as crowded as a market-place. In his leisure he read books, but does not require that they should be [perfectly] understood. Even pleasure does not gratify him; and grief does not trouble him. In the eve of the moon, and in the morn of flowers, taking the wine-cup, he

著者略歴　宮《みや》　田《た》　正《まさ》　彦《ひこ》

昭和13年1月1日　東京都小石川区に生まれる。
昭和35年3月　茨城県立水戸第一高等学校卒業
昭和35年3月　茨城大学文理学部文学科（史学専攻）卒業
　同　4月　茨城県立水戸第三高等学校講師（非常勤）
　同　5月　茨城県立多賀高等学校教諭
昭和39年4月　茨城県立水戸第二高等学校教諭
昭和51年4月　茨城県文化財保護主事・茨城県歴史館研究員（学芸部所属、書跡・刀剣・武具担当）
昭和63年4月　茨城県立歴史館学芸部学芸第二室（美術工芸）室長
平成元年4月　茨城県立太田第二高等学校教頭
平成3年4月　茨城県立歴史館史料部長
平成5年4月　茨城県立大洗高等学校長
平成7年4月　茨城県立太田第二高等学校長
平成10年3月　定年退職
平成10年10月現在　茨城情報専門学校校長
現住所　〒310-0045　水戸市新原1-16-62
※　日本歴史学協会会員、水戸史学会副会長、水戸市文化財保護審議会副会長、水戸市立博物館資料蒐集専門委員、日本会議茨城理事、㈶日本學協會評議員、幕末と明治の博物館評議員など
※［主要著書］『光圀夫人泰姫と左近局』（水戸の人物シリーズ3）、
　『水戸光圀の遺猷』（水戸史学選書）

〈水戸の碑文シリーズ3〉

水《み》戸《と》光圀《みつくに》の『梅里《ばいり》先生《せんせい》碑《ひ》』

平成十六年三月二十一日　印刷
平成十六年三月三十一日　発行

定価：本体一、二〇〇円（税別）

著　者 ©　宮田正彦
装幀者　吉野史門

茨城県水戸市新荘一の二の三〇（名越方）
発行所　水戸史学会
電　話　〇二九（二二七）〇九三四
振　替　〇〇三九〇－三－八四〇〇三

東京都新宿区早稲田鶴巻町五四四－六
発売所　錦　正　社
電　話　〇三（五二六一）二八九一
FAX　〇三（五二六一）二八九二
印　刷　株式会社文昇堂
製　本　有限会社小野寺三幸製本

ISBN4-7646-0265-2

錦正社好評関連書ご案内

〈水戸史学選書〉

書名	著者	〈本体価格〉
大日本史と扶桑拾葉集	梶山孝夫	二、九〇〇円
水戸の國學 —吉田活堂を中心として—	梶山孝夫	三、四〇〇円
水戸の學風 —特に栗田寛博士を中心として—	照沼好文	三、二〇〇円
新版 水戸光圀	名越時正	二、八一六円
新版 佐々介三郎宗淳	但野正弘	三、〇一〇円
水戸光圀とその餘光	名越時正	三、三〇〇円
水戸光圀の遺猷	宮田正彦	三、六〇〇円
水戸光圀と京都	安見隆雄	三、九〇〇円
水戸學の達成と展開	名越時正	三、一〇七円
〈水戸の人物シリーズ〉 藤田東湖の生涯	但野正弘	一、三〇〇円
〈水戸の碑文シリーズ1〉 栗田寛博士と『継往開来』の碑文	照沼好文	一、四〇〇円
〈水戸の碑文シリーズ2〉 水戸烈公と藤田東湖『弘道館記』の碑文	但野正弘	一、〇〇〇円
新版 佐久良東雄歌集	梶山孝夫編	一、九四二円

以上 水戸史学会発行・錦正社発売

書名	著者	〈本体価格〉
芭蕉の俤	平泉澄	二、〇〇〇円
武士道の復活	平泉澄	三、五〇〇円
國史學の骨髄	平泉澄	二、七九六円
日本の悲劇と理想	平泉澄	一、七四八円
先哲を仰ぐ	平泉澄	普及版三、〇〇〇円 愛蔵版四、〇〇〇円